聖嚴法師

修行在紅塵

維摩經六講

自序

《維摩詰所說經》（Vimalakīrti-nirdeśa-sūtra），又名《不可思議解脫經》，簡稱《維摩詰經》或《維摩經》。梵文Vimalakīrti是淨名及無垢稱的意思，故在學者間，常稱之為《淨名經》。

本經的異譯有七種，現存於《大正新脩大藏經》第十四冊中者僅三種：1.吳支謙譯《佛說維摩詰經》二卷，2.姚秦鳩摩羅什譯《維摩詰所說經》三卷，3.唐玄奘譯《說無垢稱經》六卷。另有西藏譯本，日本的河口慧海氏於一九二八年譯成日文，以《漢藏對照國譯維摩經》為題刊行。漢地通用者，是羅什譯本。

《維摩經》的註疏，允為不朽的名著者也有不少，例如：

晉僧肇的《注維摩詰經》十卷。

《義記殘卷》（六朝作品，作者佚名）。

隋慧遠的《義記》八卷。

隋智顗的《玄疏》六卷。

隋吉藏的《玄論》八卷、《義疏》六卷。

唐湛然的《略疏》十卷。

唐道液的《集解關中疏》二卷。

日本推古天皇時代，傳說是陳之慧思禪師轉世的聖德太子，撰有《義疏》三卷。

《維摩經》的內容被印度大乘論典所引用者，約有如下六例：

（一）《大智度論》第九、十五、十七、二十八、三十、九十二、九十五、九十八卷。

（二）《寶髻經四法憂波提舍》。

（三）《彌勒菩薩所問經論》第三卷。

（四）《入大乘論》下卷。

（五）《大乘集菩薩學論》第一卷等。

（六）《大乘寶要義論》第八、第九卷等。

由此可知，本經在印度、在中國漢地及西藏、在日本，涵蓋了大乘諸宗諸大師，徵引《維摩經》，註釋《維摩經》。

羅什譯本的《維摩經》，共有三卷凡十四品。主角是維摩詰長者示現疾病相。舞台是在印度當時六大名城之一的毘耶離城中。圍繞著這個中心演出的人員，包括釋迦世尊的諸大羅漢聲聞弟子，舍利弗、大目犍連、大迦葉、阿難等，以及彌勒、光嚴童子、持世、文殊等諸大菩薩。在第七〈觀眾生品〉中，演出一場非常精彩的天女散花，捉弄舍利弗尊者。這場法會的導演和主持人，便是釋迦牟尼世尊。

《維摩經》對中國文化的影響，至為深遠。有許多名詞，不僅為佛教界普遍使用，甚至已經家喻戶曉，例如「不二法門」出於本經的〈入不二法門品〉；「高原陸地不生蓮華，卑濕淤泥乃生此華」，這個蓮花出於汙泥而不為汙泥所染的比喻，是出於本經的〈佛道品〉；「燈燈相傳」的「無盡燈」一語，出於本經的〈菩薩品〉；美味的佳肴稱為「香積天廚」，出於本經的〈香積佛品〉；以滿足眾生的物欲做為接引學佛的方便，稱為「先以欲鉤牽，後令入佛智」的兩句名言，出於本經的〈佛道品〉；禪宗《六祖壇經》所引「直心是道場」，語出本經的〈菩薩品〉。

現在我們的法鼓山，正在提倡心靈環保，正在倡導建設人間淨土的理念。我們的理論依據，便是出於《維摩經．佛國品》第一所說：「若菩薩欲得淨土，當淨其心，隨其心淨則佛土淨。……菩薩心淨則佛土淨。」

本經在大乘佛教的聖典中，非常重要，例如鼓勵在家居士修學清淨莊嚴的菩薩道，卻未忽略出家比丘的清淨律儀；鼓勵菩薩宜入世，宜處於眾生群中，但又主張離欲不貪著。《六祖壇經》所說「佛法在世間，不離世間覺」的思想，實與本經有密切的關係。本經從基本的五乘共法人天十善道，通過三乘共法的解脫道，提昇至大乘不共法的佛道。

《維摩經》除了是一部總攝大、小五乘的大乘經典，也是一部優美的文學作品，像小說，也像戲劇，胡適的《白話文學史》第九章，評論《維摩經》是「半小說、半戲劇的作品」。因此也深受古來許多文學家所喜愛，甚至唐朝的田園詩人王右丞，名叫王維，而以摩詰為字，即是以維摩詰居士自許的意思。

我不能算是《維摩經》的專家學者，但是我很喜愛《維摩經》的思想。所以我不是它的研究者，而是試著成為它的實踐者。因此在一九九三年九月及一九九四年二月，連續兩度，以「維摩經生活系列講座」為主題，假臺北市國父紀念館大會堂，各講出三個晚上，共六個子題：1.社會關懷，2.福慧雙修，3.淨化人生，4.心靈環保，5.慈悲喜捨，6.人間淨土。

我沒有採取傳統式的講經方法，例如天台宗的法師們講經，必依智者大師的五重玄義，論其玄理，再做逐句解釋。我是根據主題的題旨，從《維摩經》中，一段一段或一句一句地摘錄出來，濃縮成六個單元。這樣子也許會被譏為斷章取義，但是為了因應現代一般人的需要，通過這種方式，使《維摩經》實用於現代一般人的日常生活之中；我以現代一般人都能聽懂的用語，配以大眾生活中俯拾可得的經驗為例子，為心靈空虛及苦悶徬徨的現代人，介紹維摩詰居士如何以入世的生活型態，而又能夠過得無拘無束地自由自在的人生觀。

這六場演講，是由法鼓山文教基金會主辦，每場的聽眾都有二千至三千人，現場有中華電視公司派了三架錄影機及一台OB車，錄製成為影視帶於該公司的公益節目時段播出。另由蘇麗美居士將錄音帶整理成電腦印稿，再經我在紐約，先後花了七十多個小時，修訂、潤飾、刪補。後三篇完稿於一九九四年六月，已於《人生》月刊連載完畢；前三篇定稿於一九九五年十二月。我要感謝促成講座因緣及出版因緣的諸位仁者，對於為我謄稿的姚果莊及邱松英，為此書策畫編校的果在、果光、果毅、張元隆等諸仁者，一併致謝。

一九九五年十二月二十二日聖嚴自序於紐約東初禪寺

目錄

第一講　《維摩經》與社會關懷

《維摩經》是大乘經典中非常殊勝的一部，它包含基本佛法，卻又超越於基本佛法；它入世於人間，而將人提昇到佛的層次。眾生（人）和佛並非存在於兩個截然不同的世界，是在同一環境中並存著佛和眾生，端看我們以什麼心態來看待世界。以佛心看，眾生界皆同佛界；以眾生心看，佛世界亦不過是眾生世界；以執著心和煩惱心看，這個世界是眾生的五濁惡世；以智慧心和慈悲心看，這世界就是佛國淨土。穢土和淨土、眾生和佛、煩惱和智慧，並非存在於兩個對立的環境，而是一而二，二而一，是超越於一和二的不二法門。「不二法門」的出典，便是《維摩經》。

《維摩經》在中國的翻譯前後共有七種，從漢朝經南北朝，到最後的第七種是唐高宗時玄奘三藏所譯，叫作《說無垢稱經》。

在此所講的則是根據三藏鳩摩羅什所譯，在漢譯本中排為第六種的《維摩詰所說經》，又名《不可思議解脫經》，簡稱《維摩經》。羅什三藏的翻譯，文辭流暢優美，以口語和對話的表現方式代替論說性的教理闡揚，以戲劇性的表現手法，描述當時說法的情景，來表達《維摩經》的思想，堪稱是一部文學藝術作品。平劇中「天女散花」的戲碼，即取自《維摩經》。

《維摩經》中所敘述的人物層面相當廣，經中所提到的無論是佛、菩薩、天人及人間的阿羅漢們，均是以人性化的形態出現，只是他們的福德較大，相好莊嚴，智慧高於一般人。這部經的特色是不用說教式及思辨性的方式表達，而是用文藝性、對話式的演出，因此讓人感到親切而樂於接受。

《維摩經》共有十四品，三卷。要逐句講完，相當不容易，因此我配合與現代社會、現實生活有密切關聯的論點，從《維摩經》中摘錄出相關的段落文句重新編輯，成為六個主題。

我不敢說自己是最會講經的人，更不敢說我所講解的《維摩經》的意思，就是當時維摩會上佛與菩薩們所要表達的意境，不過我是非常誠懇地和用心地去思考、體會《維摩經》，把它運用到生活中，透過我自己的體驗，介紹給諸位，當然，我不會違背佛法的根本原則。

第一個主題是「《維摩經》與社會關懷」，我把它分為六大節。

一、眾生（人與人）的交相互助即是社會

「眾生」這個名詞的涵義很廣，許多人把它當成一切有生命的動物和植物；也有人把它分為有情（動物）及無情（植物）的兩種。而佛典中的眾生，梵文 sattva 是有情之意，我將有情眾生又分為四個層次，由低而高分別為：1.有細胞的生命現象而無神經組織，更無思想和記憶。2.有細胞也有神經組織，但無思想和記憶的生命現象。3.有細胞、有神經組織，還有記憶力的動物。4.除了具備上述三類條件之外，再加上有思考能力的動物。第四類具備思考能力的眾生，就是人，能懂佛法，也能修行佛法。其他三類的眾生，就很難懂得佛法，也難從事修行了，所以佛說「人身難得」。

眾生又分有形及無形，無形眾生包括鬼、神、天人，以及諸佛菩薩等的法身和報身，不是凡夫的肉眼所能見。因此，以人的立場而言，眾生應是指「人」才切合實際，而佛法化導的對象，亦是以人為主。《維摩經》裡提到的眾生，包括佛、菩

薩、羅漢以及比丘、比丘尼、優婆塞、優婆夷、諸天、護法神王等，但多以人的形像出現於法會。

《維摩經》裡的社會指的是什麼？在〈佛國品〉第一即提到：

「佛在毘耶離菴羅樹園，與大比丘眾八千人俱。菩薩三萬二千，眾所知識，……眾人不請，友而安之。」

「復有萬梵天王尸棄等，從餘四天下，來詣佛所而聽法。復有萬二千天帝，亦從餘四天下，來在會坐。并餘大威力諸天、龍神、夜叉、乾闥婆、阿脩羅、迦樓羅、緊那羅、摩睺羅伽等悉來會坐，諸比丘、比丘尼、優婆塞、優婆夷俱來會坐。」

這就是眾生的世界。眾生一起來到佛的說法處，當時佛在「毘耶離」城，是佛世的印度六大名城之一。毘耶離的意思是廣嚴，是跋祇國的首都，又叫毘舍離城，它的種族叫離車族。

「菴羅」也是梵文的音譯，是一種像桃又像梨的水果，叫作柰。園是果樹園。菴羅樹園（Āmrapālī-ārāma）是一個名叫菴摩羅女的女居士所有，她為了尊敬供養釋迦牟尼佛而奉獻出來，做為釋迦牟尼佛的僧團修行及弘法的所在地。釋迦牟尼佛在印度有好幾個很有名的道場，如祇樹給孤獨園、迦蘭陀竹園等等。毘舍離城的菴羅樹園是其中最有名的道場之一。此時那麼多人聚在一起，是因為有一位維摩詰菩薩正要說法，釋迦牟尼佛要向大家介紹，讓大家認識他，去向他請法。

當時釋迦牟尼佛座前有「八千位大比丘」，他們都是知律知法，有修有證的，故稱大比丘。剛才陳院長讚歎我是律師，也是法師，又是禪師，我是愧不敢當。不過，既被稱為大比丘，就必須具備以上所舉的三種條件了。否則僅能說是正在學做比丘的出家人。

另外還有「三萬二千位菩薩」，都是「眾所知識」，也就是大家都願親近的菩薩善友，他們都有廣博的知識、高深的學問，能令眾人敬仰、學習，並以他們為榜樣，故稱之為「眾所知識」。佛經裡的「善知識」即是善友，是從佛法的知見上、修持上、道德上，對人有大幫助，這些菩薩們非常慈悲，可用經文中的兩句話來形容：「眾人不請，友而安之」，也就是不等他人請求就能隨緣攝化的不請之友。

在大部分的經典中可以看到，都是經過「請法」，佛才說法；佛以後的弟子們說法，也是要有人請求開示，才能夠說法。今天陳院長為大家向我請法，要我在臺灣多帶禪修活動，多做弘法開示，這是陳院長代大眾請法。

說法者之所以要讓人請求，是表示對於佛法的尊敬，如果不請而說，容易讓人誤以為沒有價值，故為表示佛法的崇高和對佛法的尊敬，要有人請法，然後說法，是必要的。

此處介紹的三萬二千位菩薩們，關愛眾生，就像慈母對待自己的子女一樣，孩子並不知道要請求母親給予什麼，母親卻知道孩子們的需要，而主動地給予，此乃出於母親對子女的愛護。今天陳院長為臺灣的社會大眾向我請法，那表示他是一位尊崇佛法的善知識，他是一位代大眾請法的菩薩。

在當時《維摩經》的社會成員之中，除了上述的大比丘、大菩薩之外，還有「諸天」的天人及「護法龍天」，這些是凡夫的肉眼無法看得到的，天人以微妙的物質為身體，他們有大福報，但智慧不夠，所以雖享天福，仍不得解脫，天福享盡，下墮三惡道。八部龍天是天人的扈從，其中有善根的諸天及神王會來佛所，聽聞佛法、修菩薩道、護持三寶，所以當釋迦佛要向比丘和菩薩們介紹《維摩經》的大法之時，這些諸天和護法龍天亦都來了。另外還有「比丘、比丘尼、優婆塞、優婆夷」，這裡的比丘、比丘尼不同於前面所提的大比丘眾，而是一般在學習戒律、法儀及修行方法的男女出家二眾，而優婆塞和優婆夷則是初發心的男女二眾在家菩薩。

以上這些眾生都到毘耶離城的菴羅樹園，集會在釋迦佛陀座前。這些聖人和凡夫，集會在一起，就是一種大社會的現象。許多不同層次、不同性別、不同身分的聖人及凡夫，集合在一起，就是條理井然、互通有無的社會，這個特質在《維摩經》裡表現得非常地充分。

二、眾生的共同生活是社會

「佛以一音演說法，眾生隨類各得解，皆謂世尊同其語，斯則神力不共法。佛以一音演說法，眾生各各隨所解，普得受行獲其利，斯則神力不共法。佛以一音演說法，或有恐畏或歡喜，或生厭離或斷疑，斯則神力不共法。」〈佛國品〉第一這段經文中出現了三句「佛以一音演說法」的重複語，是什麼意思呢？諸位都知道，觀世音菩薩的尋聲救苦，就像千江之水能夠處處映月。月亮只有一個，然而只要有水的地方便能映出月亮來。觀世音菩薩如此，佛就更有此功能和神力。「一音演說」有多種解釋：一謂佛以一種語言說法，或謂佛在一段時間說同樣的法，亦可解釋為佛講的是同一層次的法，但聽法者的層次雖不同，而每一層次的聽法者，都能聽到適合他們各個層次的法義。

我們人間有各種不同的語言，不同層次的知識需求。有的人只懂得一種語言，有的人懂得許多種；有的人只能懂一個層次的道理，有的人任何層次的道理都能了解；層次愈高的人，懂得的道理愈深愈廣；層次愈低的人，懂得的範圍愈淺愈窄。佛說法時，只用一種語言，或一個聲音，或只講一個層次的法義，卻能使眾生各隨其類得到各取所需的利益。此處的「眾生」除了人間身的人類之外，還包括天人、護法神，及許許多多來自他方佛土的菩薩。

有善根者，聽聞佛法，各得不同層次的利益；無善根者，聽聞佛法，也會曲解法義而毀謗佛法。例如最近有人說我對不起他，我就說「我很抱歉」，結果他便拿著我這句話到處宣揚。其實我只說我很抱歉，讓他覺得我對他不起，但我從未說過我有什麼對不起他。

又如有一次在一個說法的場合我說了一句「佛是慈悲的」，下座之後就有人追來問我：「師父慈不慈悲？」我答：「佛是慈悲的，我當然學佛了。」他馬上向我要三千元，我不給他三千塊錢，就說是不慈悲了。請問：像類似的人，能算是各取所需地理解法義嗎？

「眾生隨類各得解」是說高層次的大菩薩們聽到的正是大菩薩法，羅漢們聽到的是羅漢法，天人聽到的是天人法，而人間一般凡夫聽到的就是人間法。因此，佛法分為五乘：人天、聲聞、獨覺、菩薩、佛，從五乘共法、三乘共法、到大乘不共法，每一乘佛法都是導迷歸悟，趣向佛乘。

《維摩經》中的釋迦佛，是在同一個時間對各不同層次的眾生說同樣的法，而眾生則各依其自己的別類，聽到他那個層次、那個別類的語言及法義。這就是「眾生隨類各得解」的意思。

昨天早上，我跟我的出家弟子們說：「我們法鼓山的根，已經深入於整個臺灣。」通常人們看樹，只看到樹葉及枝幹，看不到根，而我們看得到法鼓山的根已普遍深植於臺灣的社會。說完後我馬上問一位弟子：「我們法鼓山的根在哪裡？」

他答：「師父！法鼓山的根在我們的心裡。」

他理解的和我所說的差距不小，他的理解雖然沒有錯，我們法鼓山可以影響人心，但他的心量太小，只想到我們自己，忘了社會大眾。應該說：「我們的根是植基於臺灣二千一百萬人群之中，不論直接或間接，所有聽到或接受到我們法鼓山所提倡的『心靈環保』及『人間淨土』理念的人心，都是法鼓山的根基所在，甚至他們未必是佛教徒。」由此可知，各人對於語言的理解與體會，差異很大。

現在請問諸位：「今晚我們的根種在哪裡？在我心裡還是你們心裡？還是都有？」有人說：「今晚人間淨土就在國父紀念館。」那麼可以說我們的根就在今晚來國父紀念館所有聽眾的心中！我們也希望透過中華電視台的錄影轉播，把人間淨土的根深植於每一位聽到、看到這場演講的聽眾及觀眾的心中。

接下來看「神力不共法」是什麼意思。此處的神力是指佛的福德、智慧與慈悲，已到了出神入化不可思議的程度。佛的福德力、智慧力、慈悲力是無限的，能使不同層次的人聽到不同層次的佛法，獲得不同層次的利益。佛陀也說人間法、天人法、二乘法、大乘法，可是佛說的人間法與一般世俗人說的世俗道理是不一樣的；佛雖也說人間的父母、夫妻、子女等的種種世間事，聽起來像是說的世俗事，實則是為要將世間的眾生，從凡夫的層次，向著菩薩、佛的層次提昇，佛說世間法是為化導眾生走向出世間；佛說出世間法是為化導二乘聖者邁向佛乘。這就是佛的「神力不共法」。因為只有佛的神力才能做到，故名「不共法」。一般人講世間法就是世間法，講男女事就是男女事，無關乎菩薩法及佛法。而《維摩經》就不同了，經中〈佛道品〉有言：「智度菩薩母，方便以為父」、「法喜以為妻，慈悲心為女，善心誠實男，畢竟空寂舍」，雖然也是講父母、妻兒、兒女、房舍，卻都是回歸佛法的。

「眾生各各隨所解，普得受行獲其利」，是說眾生各依其不同的層次、需求，聽到了他們所想聽到的法、所應聽到的法，很歡喜並得到法益，這也是佛的神力所致。

有一次我和幾位出家眾一起開會，各說各話地談了一陣，我說：「今天談話，沒有交集的結論，好像沒有開會一樣。」其中一位比丘尼則說：「我們今天各自說了各人想的，各自聽了各人說的，各說各的，各取所需，雖然沒有結論，但各人把心中想講的話都表達了，也聽到自己想要聽的話，不算白費。」這似乎也有些《維摩經》的意境喔！

「佛以一音演說法，或有恐畏或歡喜，或生厭離或斷疑」，也是佛的神力所致。舉個例說，佛教講「苦」，很多人一聽到苦就害怕。曾有一位居士看到我們出家眾，既無家累，又有飲食供養，有得住、有得穿，到我們寺院作客受招待時，吃了一餐好素齋之後，就說他也想做和尚了，理由是世俗間的生活太苦了。我說：「做和尚更苦，那些好素齋是給你們這些不能吃苦的人吃的，我們平常不會吃這些東西。」

出家人身無長物，只求平常餓不死，過冬凍不死，每天早起晚睡，白天為大眾服務，早晚要禪坐課誦及禮拜，終年無假日，終身無假期。若你真想出家，要有心理準備。第一，出家生活，吃得差、工作多；第二，出家的苦修苦行相當於下地獄，如想出家，要有「難忍能忍、難捨能捨、難行能行」的心理準備。唯有如此，在出家之後才會發現無礙自在的意境。這位居士聽完了我的話，打消了出家的念頭。他說：「我寧願將來下地獄，不想現在就下地獄。」

另外有一位菩薩，今晚亦在聽眾席上，當時他想來出家時，我告訴他：「出家以後，非常地苦，師父罵你，師兄怪你，師弟煩你，在家信眾要求你，那是苦不堪言的事。」他說：「這是消業障，地藏菩薩曾說：『我不入地獄，誰入地獄』，我很想試試看。」結果他真的來出家，而且出家得還不錯，請各位給他鼓掌鼓勵！

「厭離」是說，同樣的苦，有人害怕，有人歡喜，有人厭離。很多人知道世間是苦的，也親身體會到了苦，所以起厭離心而出家，那是小乘。以大乘的立場看，厭離生死不是必要，厭離五欲才是根本，沒有厭離五欲的心就不是菩薩，厭離色、聲、香、味、觸的五欲，厭離世間的名、利、權、位、勢，而人還在世間度眾生，方為真正的厭離，發這種悲願的菩薩行者，就被稱為大乘的菩薩。

「斷疑」的意思是指明確地知道世間的一切是無常，且無常是苦的本質。今天上午，有幾位太太來看我，他們的兒女要出國留學，明知是好事卻又捨不得，而哭得老淚縱橫，這是人之常情。但要想通：世事無常，從無而有，從有而無，一切現象，本來如此，永遠如此。我們出生時，來是一個人來；死亡時，走也是一個人走。人生在世，是來受報，是來造業，有因有果，因緣聚散；知有因果，便可不落斷見；知為因緣，便可不執常見。佛陀說法，能令眾生斷疑生信。不論眾生在聞法之時反應如何，或恐畏、或歡喜、或厭離、或斷疑，都是進入佛法的方便。故也唯有佛陀具足這樣不共神力。

這一段《維摩經》是強調佛說的同一句話，各人皆因層次不同、情況不同而得到不同之體會，獲得不同的法益。與許多層次的許多人說法，便是為了淨化的社會生活。

三、菩薩如何關懷社會

「爾時毘耶離大城中有長者，名維摩詰，已曾供養無量諸佛，深植善本。」

「欲度人故，以善方便，居毘耶離。」〈方便品〉第二

做為一個菩薩，為了深植善根，必須上求佛道；永無止盡、永不懈怠地修學佛法、尋求佛道、供養諸佛。維摩詰已供養了無量諸佛，但仍要繼續供養諸佛，直到成佛。菩薩能供養諸佛，必定會勤修佛法，下化眾生。上求佛道是利益自己，下化眾生是利益他人，因此有下面兩句經文：「欲度人故，以善方便，居毘耶離。」維摩詰大士於此處不講度眾生而講「度人」，可見《維摩經》的對象是以人為主，

眾生是以人為中心，以善巧方便居住在印度的毘耶離城，成為一個居士。他以什麼「方便」度人呢？是用慈悲和智慧。以慈悲心現居士身，用智慧力來幫助眾生。所謂方便，是佛菩薩慈悲，應諸機之方域，用適化之便法，來淨化人心、淨化社會。

佛言：「寶積，眾生之類是菩薩佛土。所以者何？菩薩隨所化眾生而取佛土，隨所調伏眾生而取佛土，隨諸眾生應以何國入佛智慧而取佛土，隨諸眾生應以何國起菩薩根而取佛土。所以者何？菩薩取於淨國，皆為饒益諸眾生故。」〈佛國品〉第一

佛的淨土在哪裡？常識所了解的佛國淨土，東方藥師佛的淨土是在琉璃世界；上方香積佛的淨土是在眾香國；西方阿彌陀佛的淨土是在極樂世界。《阿彌陀經》裡提到六方諸佛，諸經論中常說有十方諸佛，各個都有其佛國淨土。

但釋迦牟尼佛介紹《維摩經》時說，「眾生」就是菩薩的佛土。菩薩的佛土不在佛國，是在眾生群中，有眾生之處即是菩薩之佛國淨土，有眾生需要諸佛菩薩度化之處，諸佛菩薩便在該處出現，菩薩必須深入眾生群中，有眾生可度才能成佛，

菩薩不度眾生便不是菩薩，更成不了佛，亦無佛國淨土可成就。所以只要有眾生需要菩薩調伏的地方，菩薩就在那兒出現，那兒就是菩薩經營佛國淨土的世界。

請問諸位，我聖嚴的佛土在哪裡？以今晚而言是這個國父紀念館，我在臺灣弘法，我的佛土就在臺灣；當我到中國大陸、美洲、歐洲弘法時，我的佛土就在那些地方。因此地藏菩薩說的「我不入地獄，誰入地獄」是非常可敬的，因為他是下地獄去度眾生，他的佛土就在地獄中了。

菩薩的淨土都是為「饒益眾生」，也就是用佛法的理念及方法，非常充足豐富地利益眾生，而非僅花些小錢，給件衣服或一碗飯吃等的物質救助而已。「饒益」是要用慈悲和智慧的佛法，標本兼治，使人得到佛法的利益，即能解脫生死煩惱之苦。地藏菩薩發願下地獄去度眾生，諸位敢不敢去？但也不要勉強，初發心菩薩貿然先到地獄去，可能就出不來了。而大菩薩下地獄不是受報，亦不會覺得痛苦、煩惱，所以他們能不畏艱苦，積極入世，甚至到地獄中普度眾生。

四、深入人間關懷社會

阿難白佛言：「……憶念昔時，世尊身小有疾，當用牛乳。我即持缽，詣大婆羅門家門下立。」〈弟子品〉第三

阿難說他回憶世尊以前有一次患了小病，需要牛奶，阿難便到一個大婆羅門家去托缽要牛奶。大婆羅門家是大宗教師階級的家庭之意。這段話是說明佛原是不會害病的，但為了度眾生，需要一個弘化佛法的因緣，故示小病需要牛奶好促成阿難去大婆羅門家托缽，這是行化因緣，為度眾生，佛才示現有病。

當時維摩詰見到阿難尊者在那裡托缽，便過來問明原因，即對阿難尊者說：

「佛為世尊，過於三界。佛身無漏，諸漏已盡；佛身無為，不墮諸數。如此之身，當有何疾？當有何惱？」〈弟子品〉第三

維摩詰說佛不應該有病，佛的身體根本不會害病。他指的是佛的法身，凡夫

僅見佛的肉身，大菩薩所見是佛的法身。佛的法身遍在、恆在，是無漏的，不會有任何煩惱。既無煩惱，自然不會有病，怎麼說釋迦牟尼佛有病？可是當時的阿難尊者，尚是一個未證四果的三果聖者，尚未到達大菩薩的境界，所以看到的是能示現疾病的應化身佛，與維摩詰所見的不同。

即聞空中聲曰：「……佛出五濁惡世，現行斯法，度脫眾生。」〈弟子品〉第三

以上三段經文是有層次的：第一個層次是阿難尊者看到釋迦牟尼佛害病，以為佛真有病；第二個層次是超越於有病和無病，維摩詰菩薩認為佛是不可能害病的；第三個層次是說看到佛生病是真的，但是佛本身是不會害病的，為了救度五濁惡世的凡夫眾生才示現小病的。第一層次是阿難所見的太低了，第二層次維摩詰菩薩所見的又太高了，第三層次恰到好處，主要是說明佛的出世是為了關懷人間社會。

我們目前的社會十分混亂，人心浮動不安，這樣的社會更需要佛法。有人藉口太忙不能學佛，我說就是因為忙才更需要學佛觀心，因為身忙，心也忙，忙得暈頭

轉向、心浮氣躁，更需要學佛安心。也有人說等到老了再學佛，我說老了就來不及了，人人都及時學佛，及時有用，遲一天學佛就多一天的損失，老了再學，損失就太多了。

維摩詰言：「從癡有愛，則我病生；以一切眾生病，是故我病；若一切眾生病滅，則我病滅。所以者何？菩薩為眾生故入生死，有生死則有病；若眾生得離病者，則菩薩無復病。」〈文殊師利問疾品〉第五

這一段經文的精神相當偉大，所謂「從癡有愛」，「癡」是無智，「愛」是貪欲，「我」是以無智的「癡」為本，由癡而有了貪愛，便是「我」的病灶所在。癡不是發瘋，是對世間現象的原則不清楚。世間的一切現象皆為因緣生、因緣滅，生滅無常，幻有幻無，明白了這個道理，就不會把自己所有的看得太重，便不會放不下提不起。由於世間法是因緣的生滅，已經是不好的，加上好的因緣可能轉好；已經是好的，遇上不好的因緣也可能變壞。故而我們應把握因緣、創造因緣。然而實際上「有」並非常態，故也不要執著於「我」及「我所有」，那麼「自我中心」自

然能擺下來，便是離「癡」的智者。

「我病」的「我」是貪、瞋、癡等煩惱的根源，「癡」則是「貪」與「瞋」的根本。一切眾生都有貪、瞋、癡，所以都害病，因此連累了維摩詰也害病了，如果眾生都不病，維摩詰也就沒有病。為什麼呢？菩薩為了度眾生而進入眾生的生死大病之中，就不能夠免於有病了。眾生的生命現象，即是生、老、病、死的過程，生了一定會死，在生死之間一定會病，「老」是時間過程，有生理的及心理的兩大類，如果眾生都離病，菩薩自亦無病。這個精神其實相同於地藏菩薩所說的「地獄不空，誓不成佛」、「眾生度盡，方證菩提」。換句話說，為因應眾生都在大病，菩薩為度眾生，也不能不顯現病相。

「譬如長者，唯有一子，其子得病，父母亦病，若子病愈，父母亦愈。菩薩如是，於諸眾生，愛之若子，眾生病，則菩薩病，眾生病愈，菩薩亦愈。」又言：「是疾何所因起？菩薩病者，以大悲起。」〈文殊師利問疾品〉第五這段經文是說，菩薩正如慈愛的父母一樣，看到自己的子女害病，就像自己害病一樣，甚至比孩子感受到更深的病苦。若眾生病癒，菩薩的病也就好了。

這個菩薩的疾病是從何而引起的呢？菩薩本身無病可害，因為有大悲心憐憫眾生的關係，示現有病。大悲之意是以平等心救度每一個有緣的眾生。大菩薩看待一切眾生都像看待自己，也像看待自己的獨生子一樣，故稱為「同體大悲」。菩薩的福報非常大，可以不受任何苦報，只因看到眾生可憐，不忍眾生受苦，所以與眾生生活在一起，示現與眾生相同的種種病相，以便於度化。

五、為社會大眾點亮無盡心燈

現在有很多地方都在傳播「無盡燈」的觀念，這無盡燈的典故即出自《維摩經》。

「有法門，名無盡燈，汝等當學。無盡燈者，譬如一燈，燃百千燈，冥者皆明，明終不盡。如是諸姊！夫一菩薩，開導百千眾生，令發阿耨

多羅三藐三菩提心，於其道意亦不滅盡，隨所說法而自增益一切善法，是名無盡燈也。」〈菩薩品〉第四

這是說，當某一個人的心理有了智慧和慈悲的光明，便應把自己擁有的這種光明，輾轉地傳播出去，傳給一切的人，可以稱之為弘法，禪宗便依《維摩經》叫作「傳燈」，一般法師以語言弘法稱為「說法」，禪宗以心傳心名為「傳燈」，是傳智慧與慈悲的心燈。今天諸位在此聽講《維摩經》，得到了一些智慧和慈悲的消息，是否也點亮了你們的心燈？我不知道我的心燈有多亮，至少是在借著諸佛的明燈來為眾生放光，請諸位向佛法點燈，點亮各人自己的心燈。人人心中點亮了智慧和慈悲的光明燈，人格便能提昇，人間的淨土就能出現了。

一個人關懷千百人，人人關懷千百人，我們的心燈無盡，我們的社會也就普遍地溫暖和淨化了，這是我對提倡人間淨土有非常堅定信心的原因，為什麼？因為《維摩經》講，人人都可以成為無盡的燈。我們這個世界，只要有人弘揚佛法，只要有人提倡淨化社會，我們的社會一定會淨化。

六、入鄉隨俗，關懷隨緣

我們都知道「入鄉隨俗」這句話，菩薩度眾生也是應該如此。《維摩經》的〈香積佛品〉，介紹此娑婆世界的上方過四十二恆河沙佛土，有佛國名眾香，佛號香積，其國依正，一切皆香，有九百萬菩薩都想來此娑婆世界，供養釋迦牟尼佛，並欲見到維摩詰等諸菩薩眾。當時的香積佛即囑彼諸菩薩言：

「可往，攝汝身香，無令彼諸眾生起惑著心。又當捨汝本形，勿使彼國求菩薩者而自鄙恥。又汝於彼莫懷輕賤而作礙想。」〈香積佛品〉第十

本經〈香積佛品〉，介紹此娑婆世界的上方過四十二恆河沙數的佛土，有一佛土，名眾香國，佛名香積，在此佛土中的正報大眾都是菩薩，依報環境全都清淨莊嚴，而其特色，一切都是芳香的，超出十方諸佛世界的天人之香。共有九百萬的菩薩希望到這個娑婆世界來親近供養釋迦世尊並與維摩詰等菩薩會面。香積佛便告

訴這九百萬菩薩們說：「你們可以去娑婆世界，但要把自己身上的香氣收攝起來，否則會對娑婆世界的眾生產生惑亂作用，令他們心生煩惱；同時也要把雄偉高大的莊嚴身相縮小，以免給娑婆世界求菩薩道的眾生，見了自慚形穢，此界人類身相矮小，而且身有體味而顯得醜陋，相形之下，可能會自失求學菩薩道法的信心。」因此香積佛希望這些菩薩們把自己的眾香莊嚴相收攝起來，再到娑婆世界來，免得娑婆眾生聞香見形而感到自卑和羞恥，自覺醜陋而感到慚愧沒有信心，故稱為「鄙恥」。此外香積佛還告訴這些菩薩們，到了娑婆世界也不可以生起看不起此界眾生的心。

這就是說，菩薩到任何一個社會和環境中去，都會為了容易被眾生接受，而以方便力適應那個環境，他們會收起他們的福報莊嚴智慧相，以非常平凡的身分和形態出現，先將自己同於他，漸漸地讓眾生接受自己和追隨自己。

二十多年以前，我在臺北市的善導寺擔任佛學講座，有一位穿得破破爛爛，還背了個破簍子的居士要求見我，另一位常來聽我講經的居士告訴他：「法師不會見你的，穿得這樣破爛，太不禮貌了。」他一再向那位居士懇求見我一面，我知道了就出來見他，他見到了我，頂禮三拜，便塞給我一個大紅包，並且對我說：「師父您要去留學，我這一點積蓄供養您的。」那是一位已經退休的小學教員，他常常現乞丐相，在臺北街頭與窮苦人為伍，雖然衣著破爛，他的慈悲布施供養之心，卻使人起敬，使我難忘，真是一位菩薩行者。所以，菩薩到什麼樣的社會，就顯什麼樣的身相見人。他們沒有固執某一種形相，不會拘泥於某一種方式，而以體恤眾生為原則。

維摩詰語眾香國來諸菩薩曰：

「此土眾生剛強難化故，佛為說剛強之語以調伏之。言是地獄、是畜生、是餓鬼、是諸難處，是愚人生處。」

「是得罪、是離罪，是淨、是垢，是有漏、是無漏，是邪道、是正道，是有為、是無為，是世間、是涅槃。」

「此土菩薩，於諸眾生，大悲堅固，誠如所言。然其一世饒益眾生，多於彼國百千劫行。所以者何？此娑婆世界，有十事善法，諸餘淨土之

所無有。」〈香積佛品〉第十

這些話不是恐嚇人，也不是威脅人，佛要說明剛強難化的眾生相及果報相，目的是警惕，譬如什麼樣的人造了什麼樣的惡因，便會下墮地獄受苦罪；什麼樣的人做了什麼樣的惡事，便會淪為畜生的苦報，但仍有很多人不信。事實上，地獄、畜生、餓鬼，都真是有的，種種的危難險惡處也都是事實俱在的。

佛為調伏剛強難化的眾生，而說有地獄、餓鬼、畜生的三惡道果報。如果愚癡頑強不願接受佛法，不想修學戒、定、慧，便有可能由於貪、瞋、癡等的煩惱心重，造作殺生、盜賊、邪淫、妄語、兩舌、惡口、無義語、貪嫉、瞋惱、邪見的十重惡業，即受種種惡報。佛為這些眾生而說這些法。本經同品云：「以難化之人心如猨猴故，以若干種法，制御其心，乃可調伏。」

「地獄」及「餓鬼」，人類的肉眼無法見到，但事實有此二類受苦眾生；「畜生」是除人類之外的一切動物。此三類眾生，或因苦重，或因受縛，或因愚昧，都無緣接觸佛法，修行福慧，故名「難處」。若造十惡行，即受十惡報，也是苦趣。造惡業得惡報，離惡業即離惡報。進一步若修佛法，便修淨業而離罪垢；修持佛法便能從有漏業成無漏業，從邪道入正道，從有為成無為，從世間入涅槃了。

「此土菩薩，於諸眾生，大悲堅固」，因為娑婆世界有十種善法可修，其他淨土則無也。所謂「十事善法」，本經本品有云：

「以布施攝貧窮，以淨戒攝毀禁，以忍辱攝瞋恚，以精進攝懈怠，以禪定攝亂意，以智慧攝愚癡。說除難法度八難者，以大乘法度樂小乘者，以諸善根濟無德者，常以四攝成就眾生。」〈香積佛品〉第十

這些佛法都是為了勸我們用功修行十善、三無漏業、六度四攝等，起大悲心；在娑婆世界修學佛法，行菩薩道。因在此土度眾生，要比眾香國諸菩薩們在眾香國度眾生的功德更大；在此娑婆世界一世之中所度眾生的功德，比在眾香國百千劫度眾生的功德還大。為什麼呢？因為眾香國的眾生福報太大，環境太好，身上是香的，吃的也是香的，身相莊嚴，所見所聞都是好的；而我們這個世界所見所聞都是煩惱相，娑婆世界的眾生比起眾香國的眾生可憐得多，所以我們發菩提心行菩薩道者，應該留在娑婆世界廣度眾生。

諸位菩薩聽了《維摩經》後，要在這世界上盡一生之努力度眾生。至於來生到哪裡去？倘若自己尚無把握，就先求往生西方極樂世界，再發願來娑婆世界廣度眾生，然後才能成佛，否則到了極樂世界不願再來是不可能成佛的。但是如果信心具足，那就不必求生極樂世界，生生世世都在此世界修行菩薩道，經過三祇百劫，必定成佛。

我有好多弟子，跟我打完禪七後，均信誓旦旦，願生生世世追隨師父一直到成佛為止。我說：「如果我每一生都在娑婆世界經常受苦受難，你也願意追隨嗎？」他們便改口說：「師父，那請先幫忙讓我開悟，否則就幫助我往生極樂世界，不退之後再來人間吧！」能發這樣的願心，也是很好的。但在開悟之後以及往生極樂世界之前，希望大家要用佛法把這個現實的社會照顧好，把自己和家人照顧好，才是初發心的菩薩所應有的責任。

（一九九三年九月二十五日講於臺北市國父紀念館）

第二講 《維摩經》與福慧雙修

第二講的講題是「《維摩經》與福慧雙修」。

《維摩經》是極受中國人歡迎的一部經。在佛教裡分成好多宗派，其中最有名，在中國流行得最廣，時間持續得最久，綿延不絕，直到現在還是以它為主流的，那就是禪宗。

禪宗的六祖惠能大師留下了一部書《六祖壇經》，裡邊至少有六處引用《維摩經》的經文。（參考拙著《禪與悟》所收〈《六祖壇經》的思想〉）

有人說《維摩經》是居士佛教的一部經典，因為《維摩經》的主角是一位居士，叫維摩詰長者，他以居士身來為許多的菩薩及當時釋迦牟尼佛的比丘、羅漢弟子說法，所有的菩薩及羅漢弟子們，在維摩詰長者面前都相形失色，變成了像是沒有智慧的人，而他只是一個居士而已！

因此，有人說《維摩經》應該不是由出家人來講。其實那是錯的，維摩詰菩薩雖現在家居士身，卻是一位持戒清淨的人，所以在《維摩經》裡有這麼幾句經文：

「雖為白衣，奉持沙門清淨律行；雖處居家，不著三界；示有妻子，常修梵行；現有眷屬，常樂遠離；雖服寶飾，而以相好嚴身；雖復飲食，而以禪悅為味。」—〈方便品〉第二

所謂白衣，就是居家修道之士，維摩詰以居士身，卻具足了出家人的清淨戒律和威儀，所謂「沙門清淨律行」—，至少已具殺、盜、淫、妄的四根本戒，另有比丘及沙彌的行儀。一般的居士是做不到的，所以這是一位大菩薩，不能以世俗的在家身來看他。他現居士相並不等同一般的在家人；他是身居俗家，行儀如比丘，心出三界外，不著欲界的五欲，不住色界、無色界的世間禪定之樂；他有妻有子，可是常修脫離男女淫欲的梵行，這是菩薩的化現，我們無法想像。他有許多的眷屬，但對家眷並不貪戀；常樂獨身遠離。他也著好衣飾，照常飲食，心中常以禪悅為味。是故《維摩經》並不限於是在家居士的經典，乃是出家、在家菩薩們共同需要，大家宣揚的一部重要大乘經典。

大乘的菩薩是成佛的根本，如果要成佛，必須修兩種法門：第一要入世修福報，第二要超脫修智慧。

修福報就是慈悲心，對眾生關懷、救濟、援助和化導，這一些叫作福行，換言之，修福報就是利益眾生。修智慧就是斷煩惱，同時也用斷煩惱的智慧去協助他人離苦得樂。用智慧來指導自己斷除煩惱，也用智慧來指導自己修行福報，成佛之後的佛，是福慧兩種功德都已具足圓滿的人。

想要提昇人的品質，必須修福修慧，有智慧才有能力健全自己的人格，修福的最大功德是使大家都有智慧來健全每一個人的人格，這也就是建設人間淨土的著力點。這也就是我們法鼓山的理念，這也是修行佛法的兩輪和雙軌。福慧並重，如鳥兩翼，缺其一便不能飛；兩翼強弱不一，就飛不平衡，當然也飛不遠了。

諸位聽眾菩薩們，因為信佛學佛、聽聞佛法，所以是有福的人。而聽懂佛法減少煩惱，則是有智慧之人。可知能來聽聞佛法，便是福慧雙運。

我今天在此講演佛法，也是福慧雙修。要講《維摩經》，自己便需研讀《維摩經》、體會《維摩經》，因此也能智慧增長；自己體會之後再來告訴諸位，讓大家都能享受到佛法的利益，因此而福德增長。我有這樣的機會，固然要感恩三寶，也應當感謝諸位前來聽我講演的善友。

以下從《維摩經》裡抄錄了與福慧二門相關的經文，分成四節，介紹給諸位，並請指教。

一、修行佛法不出福慧二門

六度萬行即是福慧二門：

「布施、持戒、忍辱、精進、禪定、智慧及方便力，無不具足。」〈佛國品〉第一

六度之首是「布施」，有財施、法施、無畏施。財分內外，內財是身體，外財是眷屬及物品。法是佛法的道理及修持戒定慧、息滅貪瞋癡等煩惱的方法。無畏是以慈悲心，使眾生脫離怖畏恐懼。若能於自己修學佛法的同時，也以身示範，做義工，出錢出力出時間來護持三寶，弘揚佛法，救度眾生，便是三施並行，自利

利人。

「持戒」是不應該做的不要做，應該做的非做不可，包括身、口、意三業，基本原則是五戒十善，細分則有三皈、五戒、八戒，為在家戒；沙彌戒、比丘及比丘尼戒，為出家戒，尚有出家菩薩戒及在家菩薩戒。六度中的持戒，是由約而繁的一切戒。

「忍辱」就相當難了，我們所謂的忍辱是對一些不應該接受到的侮辱、欺負、打擊或是莫名其妙的誣衊毀謗，能夠予以容忍諒解。很多人說名譽是第二生命，一旦受到破壞，是非常痛苦而不能忍受的事。可是做為一個佛教徒，做為一個菩薩行者，「忍」卻是非常重要的事，我們是小的折磨要忍，大的衝擊也要忍；刺激要忍，誘惑要忍；痛苦要忍，享樂也要忍；失敗要忍，成功也要忍。唯有能忍才是最大的福報，不能忍者，好事會變成壞事，小禍會變成大禍，甚至變成殺身滅族亡國之禍。

「忍」並不等於逆來順受，而是盡可能不要以正面衝突，不要以牙還牙、以暴抑暴，要想辦法迴避，減少雙方的損害到最小程度。柔能克剛，鋼刀雖利，用之不當，容易缺口折斷；水勢很柔，落地之後則無孔不入，你砍它一刀，它斷了以後馬上又接上。所以最柔的反倒是最強的。

菩薩的力量建立在慈悲，慈悲的精神，並不等於忍辱；面對眾生時，若能忍辱，也是慈悲的心懷。慈悲是一種包容、接受、涵蓋，能夠把所有的人，不論是敵人或親人，不論相識不相識，全部看作是現在的菩薩、未來的佛。

當你遇到惡人敵人出現在你面前的時候，往往是來加害你的，讓你痛苦，而你還能包容他，就叫忍辱，是菩薩行者。忍辱的目的，不僅是為了自己，也是為了對方，因為不忍辱必然兩敗俱傷；忍一時不但保全了自己也保全了對方，是故忍辱在佛法裡是非常地重要，它是一種表現智者風格及仁者心胸的美德。

忍辱的相似名詞是退讓，並不是懦弱。退讓是不直接跟人逞強，改以繞一個彎轉走出路來，或是向下挖一個洞開出一條路來，或是往上翻越一座山嶺伸展出一條路來，總之是不直接跟他人起衝突，但還是要想辦法解決問題。

很多人把忍辱當作逆來順受，這是錯誤的。我一生之中常是一個失敗者，常常遇到鬼擋牆，但我不會向鬼的懷抱闖去，讓他抱住跑不掉，我會採取迴避的方式，過去就沒事了。因此忍辱和精進，也是相輔相成的。

「精進」是努力不懈怠，不藉故偷懶，不逃避責任，不畏首畏尾，一旦確定了方向和目標，便全心全力地投入，不畏艱鉅，不怕阻撓，不擔心失敗和挫折，並且愈挫愈奮，正如儒家所說「天行健，君子以自強不息」，佛法的精進，是成佛之必須，成佛之後，廣度眾生，也是精進。

「禪定」是一種穩定力、一種安定性、一種相當沉穩和清明的心境。如果我們的心態不穩定，身體的威儀不莊重，必然沒有安全感。我們應隨時保持身心的穩定，以及待人處世、工作態度的穩定。很多人認為打坐叫作禪定，當然禪坐也是大乘禪法的一種，可是在《六祖壇經》裡講：「外離相為禪，內不亂為定。」又說：「心念不起，名為坐；內見自性不動，名為禪。」

「智慧」是不用私情及感情等情緒來處理事情，以純客觀的態度和超然的角度來面對我們所遇到的人、事、物。但於一時間不容易很快做到，所謂「當局者迷，旁觀者清」，為人家判斷事情、處理問題較容易，因為他人的問題與自己無關，處理錯了也沒關係；自己的問題就難了，常因考慮到切身的利害關係而手足無措，難以做決定。所以一定要把自我的立場擺下，才能有無私的智慧。

「方便」是用種種方法以便利眾生、廣度眾生，方便眾生來接受佛法。方是處方，用種種的處方、觀點與作法，來適應時機、適應環境、適應對象，便利眾生，得到智慧、增加福報、解脫煩惱，得到真正的自在。

我們法鼓山的護法信眾，有一個很好的名稱，叫作「萬行菩薩」，就是修行六度萬行的意思。為什麼六度等於萬行？凡是種種的方便法門，無數無量的法門，都可用布施、持戒、忍辱、精進、禪定、智慧來涵蓋統攝，也可以說，用六度做基礎綱領可以開展出菩薩道的種種修行法門來。

歸納的結果，布施、持戒、忍辱是福行，禪定與智慧是慧行，精進則兼助福慧兩門。布施、持戒、忍辱這三項是屬修福報的行為，禪定和智慧是屬修智慧的行為，精進則是幫助福慧雙修的。我們修福業時要精進，修慧業時也要精進，因此佛教絕對不是消極逃避現實的宗教，佛教是講求效率和努力的宗教。如果是逃避現實的，怎能修福？倘若是消極的，又如何修慧？所以必須是福慧雙修，才是菩薩道和佛道的修行者。

若干佛教徒逃避現實，自修自了，不管人間疾苦，不關心眾生的苦厄，這些人必然是不曾了解真正的大乘佛教是什麼。過去有很多似是而非的佛教徒，所以佛教被誤解很深。今天正信的佛教徒愈來愈多，所以佛教愈來愈興盛。目前的社會需要更多正信的佛教徒來提昇自己的品質，建設人間的淨土。

而經文中的維摩詰居士：

「欲度人故，以善方便，居毘耶離，資財無量，攝諸貧民；奉戒清淨，攝諸毀禁；以忍調行，攝諸恚怒；以大精進，攝諸懈怠；一心禪寂，攝諸亂意；以決定慧，攝諸無智。」〈方便品〉第二

這一段的經文其實還是在講六度法門，並說明維摩詰大菩薩在人間度眾之行儀。維摩詰菩薩所住之毘耶離城已解釋過，是釋迦牟尼佛時代印度六大名城之一，他是為了度人而用善巧方便住在毘耶離城。他很有錢，資財無量，富可敵國，是一個大富長者。他用這些財產饒益眾生，攝受貧苦大眾，救濟、幫助以及感化、教育他們。

現代世界是否也有這樣的大富長者？有的，現在的大企業家用他們的智慧、資本經營事業，創造我們國民的就業機會，一個人就業等於一個家庭得到救濟。一千人的公司或工廠等於照顧了一千個家庭，每個家庭至少有二、三個人，那麼至少有二、三千人因這個公司或工廠而得到生活之依靠。我們幫助人與其直接給他財物，

不如給他工作機會幫助他獨立，憑一己之勞力賺取生活所需，就如俗話說「給他米吃，不如教會他種稻」，自己會種植就永遠不愁沒飯吃了。幫助貧民能夠安居樂業，才是救濟貧民最好的辦法，才是真正大富長者之行為。我個人非常佩服企業家們，不論他們自己承不承認，我認為他們就是長者居士、菩薩行者，但要加上修學佛法，也要勸勉跟他們相關的大眾，一齊來學佛。

維摩詰居士雖然資財無量，都是用來救濟貧民，自己則自奉甚儉，持戒清淨，絲毫不揮霍。我認識很多大富長者，有好多位也是非常節儉，比如今天早上來看我的一位董事長，在談話過程中，我告訴他：「以你的穿著，即使開著好車，不知道的人會以為你是司機不是老闆。」這種人不奢靡享受，生活淡泊，也可以說是持戒的美德。一個有頭腦經營大事業的人，有很多錢，尚能樂善好施，勤儉自持，便是在家的菩薩形態。有一種人，收入很多，卻是刻薄他人，也不讓自己享受，這就是守財奴而不是大富長者了。如果有錢而只顧自己不照顧貧民，那是富而不仁，也不是大富長者。

我聽說現在大陸上有很多本來是很窮的人，因以個體戶的方式，做生意賺了點錢，就吃喝穿用，都奢侈了起來，這叫暴發戶、窮騷包，雖然有錢，不知節儉，不知布施，當然不是大富長者。

一個能自我愛惜、自我檢點的人，必定也是一個非常精進努力修行的人，他的心情，經常是處在非常安靜穩定的狀況中，甚至於根本沒有什麼衝動，沒有雜念妄想，那便是有了智慧的人；他就能對無知者給予智慧，對懈怠者給他精進，對有妄想很多的人給他安定，使那些不容易接受教育與訓練的人，虛心地來接受種種的道德訓練，使常發脾氣的人能夠忍耐。這便是維摩詰居士所做的種種工作。實際上任何一位在家居士，都可以學習著維摩詰的心行，來做修行福慧、普度眾生的工作。

二、從有到空的福慧雙修

大家都知道，佛法是講空的，但須知空一定是從有而來，空是學佛的目標，空的基礎則是「有」，沒有「有」怎麼可能有「空」？必定先「有」才能「空」。好比說一個人要出家，他現在一定有家，才有家可出，如果沒有家怎能叫出家？就是智慧也好、福報也好，也都要先「有」，在有了福報、有了智慧之後，再把福報與智慧的觀念放下，也把自以為擁有福報、擁有智慧的占有感放下來，那才是真正修學佛法的目標，那便是空。

而經文中記載維摩詰居士：

「遊諸四衢，饒益眾生。……若在居士，居士中尊，斷其貪著。……若在大臣，大臣中尊，教以正法。……若在庶民，庶民中尊，令興福力。若在梵天，梵天中尊，誨以勝慧。」〈方便品〉第二

維摩詰居士「遊諸四衢，饒益眾生」，所謂四衢是四通八達的交通要道，是車水馬龍的繁華市區，來來往往的人非常地多，就像現在東京的銀座和新宿、紐約的時報廣場、臺北市的西門町。菩薩要到人口聚散的公共場合去幫助眾生、利益眾生。這是描述維摩詰居士行菩薩道利益眾生，使眾生有福、有慧，離苦得樂。他是怎樣利益眾生的呢？他有無量方便化無數身分，例如：

（一）若在居士群中，即被居士大眾之所尊敬，使得居士們因此而斷其貪求執著。

居士是居家修學佛法之士，凡是有家庭的人，不論結婚與否統稱為居士，男的

叫男居士，女的叫女居士。有人說沒結婚的人應該和出家人一樣，但是住在家裡不住寺院不能叫出家；又有人說在家人住在家裡有兒有女，出家人住在廟裡有徒弟徒孫不也等於家嗎？但一個是彼此牽掛、互相糾纏的俗家，一個是共修道業、共同弘化的僧家，截然不同的。出家人是依僧而住，依師學法，隨佛出家。我的弟子們在求度出家時，我都是這麼說的，他們是隨佛出家不是跟我出家。出家是無私人家庭的，乃以如來的家業為家，如來的家業是要勤修戒、定、慧，要弘揚佛、法、僧；弘法利生是我們的家業，而不是以儲蓄財產、占有名位、生兒育女為家業。

維摩詰居士在居士群中受到尊敬，因他能夠影響居士們斷除貪欲的執著。他自己現身說法，以居士身，擁有財產、擁有家屬，但他不是享受財產與家屬，也沒有占有財產與家屬，只有用財富照顧家屬、關懷社會。

身為居士而能夠沒有貪著，沒有私欲，沒有捨不得，是難得的菩薩行。普通的居士們，在聽聞佛法的時候，可能會想自己也能做得到，一旦臨到自己頭上時，恐怕就難以做到了，所以要學習維摩詰居士，能夠學習就會有福有慧，不想學習那就會煩惱多多了！

（二）若處身於大臣群中，即被全體大臣尊敬，並教他們如何以正法治理國政。

大臣就是高階的官員，是為人民服務的人，現在稱官員為公僕，用他們自己的施政理念和方法來為許多人民服務。如果為官者的施政理念有偏差，施政方法舉棋不定，人民就要倒楣了；如果他的理念好，方法好，人民就有幸福。正所謂「身在公門好行善」。

居士做了高官，就在官員之中受人尊敬，一定也能受到人民的尊敬，自然而然，就會風行草偃，他便可用正確正信的佛法來影響他的同僚，利益人民。

我們現在臺灣有位清廉而又受人尊敬的高階官員，他是一位佛教徒，很多人對他有很好的口碑，當大家都在爭財產的今天，他卻把自家的住宅及祖先的墓園都捐給了國家。我想凡是正信的佛教徒，做官的話都會是清官好官。我們不能奢望所有的大官都成為佛教徒，但希望所有的官員都能以正法行德政。不是佛教徒的官員，如果他們的施政方針及行政理念，跟佛法的智慧與慈悲相應，也會是好官。

（三）居士若在當老百姓的時候，一定受到全鄉民眾的尊敬，成為鄉賢父老，因此而使民眾一齊來推動各種福利事業。

一般老百姓稱為庶民，居士若能受到廣大民眾的尊敬，就能以自己的人格道德影響他人。其實如果你在兄弟姊妹中受到尊敬，也會影響他們的思想、信仰和性格；在任何角落、任何環境裡，你如能受他人的尊敬，均能發揮影響力的。

我們不是叫別人來尊敬自己，而是先要健全自己，奉獻出自己去關懷別人，才可能被人尊敬，受人尊敬以後才可能影響他人。這也是我一次次提出的理念：要先提昇自己的品格，才能建設人間淨土。諸位一定要掌握這個原則，不是用高壓手段來逼迫別人的尊敬，而是用真誠的心行來感動別人，獲得尊敬。

（四）若生於梵天，便受梵天大眾所尊敬，因此有機會使得大梵天人，都來修學開發殊勝的佛慧。

梵天是色界的初禪天。凡夫世界一共有三界：欲界、色界、無色界，梵天是屬於色界，色界裡有初禪、二禪、三禪、四禪天。初禪天有三個層次：梵眾天、梵輔天、大梵天；梵眾是梵天界的人民，梵輔是梵天界的官員，大梵天是梵天王，梵天中最尊貴崇高的是梵天王。做了梵天王，能用佛法的智慧來訓勉告誡梵天上所有的一切天人。因為梵天雖有福報，但沒有「無我」的智慧，因此告訴他們要放棄自我才能有殊勝的智慧。

時維摩詰來謂我（目犍連）言：「……夫說法者，無說無示；其聽法者，無聞無得。譬如幻士，為幻人說法，當建是意而為說法；當了眾生，根有利鈍，善於知見，無所罣礙。以大悲心，讚于大乘，念報佛恩，不斷三寶，然後說法。」〈弟子品〉第三

「無說無示」、「無聞無得」是勝慧行，「為幻人說法」、「了」知「利鈍」是勝福行。

真正的說法，一定是無說無示；而真正的聽法，一定是無聞無得。「說」是說法，「示」是表示、顯示，演說給大家聽，使大家理解的意思。真正說法的人，是沒有東西好說，也沒有東西可以告訴人；而真正聽法的人，也是沒有東西可以聽到、得到，這兩句話頗為難懂。譬如我說法，似乎是有法可說，諸位也是有法可聽；我說法之後，如認為自己說了一定的法，諸位也認為聽到了一定的法，那就不是真正的說法和聽法。

真實的法是無法說明的，凡是能用語言表現、耳朵聽聞的，都屬於符號，都是間接又間接的一種表達，不是真實的佛法。現在說一個簡單的比喻：我這杯子裡裝

的是開水，我說有半杯、滿燙的，並且喝了一些；這半杯究竟是多大的半杯？有多燙？什麼味道？喝了多少？無論我描述得多麼詳盡，你們都很難了解得十分清楚，你們的了解必定與實際狀況有差距。這就是「如人飲水，冷暖自知」，一定要身歷其境親自體驗，才能知道真相。但是即便實地去體驗物質現象，也還是幻相，仍不見得就能體悟到實相。

有人初次見到我，就說認識我，我活了幾十年連自己都不全認識自己，他一見面就認識我，怎麼可能呢？連昨天的眉毛都與今天的不一樣，可能又少黑了幾根或多白了幾根，我們有幾人識得自己？遑論別人了。

雖然用語言表達的諸法現象，不是真實的法，但是不用語言表達也是不行，否則不說不聽，你們也就不可能知道這個道理。所以先說有法，然後說無法，無法表示「有相皆妄」。因此要「無聞無得」，聽了以後不要以為真正聽到了法，但做為入門的參考是必要的。

「譬如幻士（魔術家），為幻人說法」，就像魔術師為那些他自己變化出來的人說法，他說的是不需要說的法，那些他變化出來的人也根本不需要聽他的法；這個比喻是說明我們說法跟聽法的人要做如此想，否則執著於所說和所聽的法，將有礙於解脫。

人們常有一個現象，當在掉入一個陷阱後，不管是被別人救起來或是自己爬出來，很容易又一腳踩入另一個陷阱裡。所以必須時時警戒自己，避免身陷泥濘，愈陷愈深，無法自拔。有一個美國人，結婚之後夫妻常吵架，最後離了婚，他告訴我：「我的太太真不是人，幾乎要了我的魂，現在離婚總算解脫了。」我問他：「要不要再結婚？」他說：「當然要，正在找。」我說：「這個太太要你的魂，下個太太可能會要你的命。」解決問題的方法是娶了太太，應當尊重她、關懷她、包容她，彼此多溝通，相互信賴，不要彼此計較，相互猜疑，就不會成為丈夫的絆腳石了。

目前臺灣的家庭結構是很脆弱的，離婚率是東南亞最高的。學佛的人是不輕易離婚的，不然就如剛才的例子，跳出一個陷阱又踩進另一個陷阱裡去了。

當知眾生根器有利有鈍，各不相同，要用無罣無礙的智慧為他們做不同程度的說法，對什麼樣的人說什麼樣的法，才是真正的說法，才能對聽者有利益。

釋迦牟尼佛成佛以後至涅槃為止，一共說了四十九年的法，說了種種的經典，每一部經典都說是最好的。有人問我：「釋迦牟尼佛每次說法，都說這一部經典是最好的。請問究竟哪一部經才是最好的？」我回答是：「你認為哪一部經現在對你最有用，那一部經就是最好的。至於往後怎麼樣，就要看你的需求而定了。」讀經不是研究學問，以實用實益為著眼。如果以學術思想及歷史軌跡來研究佛經，那是另一回事。

這種觀念也可用到不同的宗教信仰上，今天早上我收到一位四年前在農禪寺求受皈依的居士給我的一封信，寫著：「聖嚴法師，從此以後請您不要再寄任何通知給我，我已經受洗皈主了，我認為耶和華比釋迦牟尼佛對我更有用。」看了這封信我先覺得可惜和遺憾，我未能幫助他從佛法得到安心的利益，除此之外，我只好說：善哉！善哉！他已經得到了他所要的東西，我應該為他祝福。

佛說法的態度，也就是這樣子，對不同層級、不同根器、不同情況的人，演說不同的法，這叫隨緣說法無所罣礙。我不會認為佛教徒變為基督徒是不光彩的事；就好比我這兒的補品太補了，有的人不能受補，對於養分較少的東西反能接受，能得其所哉也是好的。也有可能他所求的東西我這兒就有，只是他尚不知道。如果有一天他又回來了，我還是會說：「善哉！善哉！他終於發現佛法才是他要的東西了。」佛的慈悲是廣大無限的，我們的心應學習著包容一切眾生，關懷一切眾生，無論他是否為佛教徒，是否皈依三寶，一律給予平等的關懷和慈悲。

大乘佛教不拒絕任何人搭乘大乘列車，大乘就好比是地球那麼大的一個盛載物，整個地球是大乘的車子，地球上雖有各式各樣的交通工具，如腳踏車、汽車、巴士、郵輪、飛機、火箭等等，每個人可能搭乘不同的交通工具，但通通是在地球這個大盛載物之上，是在大乘的列車上，所以這位信徒雖然信了基督教，我卻認為他還在我們的車子上。佛教是寬宏大量的，連敵人都能包容，何況只是信了不同的宗教。

我們應報佛恩所以不斷地弘揚三寶，因為要弘揚三寶所以不斷地說法，絕不因有人不接受就不弘法；我們是為自己得到佛法的恩德和利益，欲報佛法的恩，亦稱報三寶恩而弘揚佛法；我們是聽到佛法而得到利益，所以也以佛法幫助眾生來回饋，是故需要說法。

維摩詰居士為何要說「譬如幻士，為幻人說法」？有三層原因：1.真佛不見佛，真佛雖常說法，乃是不用名相，超越語文的。2.化佛說法，所以佛亦幻化非真。3.眾生幻生幻死，只要大悟徹底便能突破虛幻生死，進入涅槃，所以聽法的眾生亦是幻人。

「無說無示」、「無聞無得」，是實證諸法實相即是無相的一切智，即是勝慧，也就是成佛的智慧。諸佛菩薩「為幻人說法」，是為使得如幻的眾生「了」知根器的「利鈍」。自斷煩惱是慧行，廣度眾生是福行；福慧雙修是菩薩道，福慧圓滿是佛道。

時維摩詰來謂我言：「唯大迦葉，……其有施者，無大福、無小福；不為益、不為損。是為正入佛道。」〈弟子品〉第三

普施眾生是「福」行，不為益損是「慧」行。

凡夫眾生對人做了好事之後，總希望獲得回饋，種大福希望得大福報，甚至種小福也希望得大福報，一般佛教徒也是如此的。有些人等而下之，更是為了求福而許願，或為求事業順利、仕途通達，或為求兒女學業精進，或為全家消災免難，而在佛、菩薩、神前許願祈求，如能滿願便去還願，做某些好事。這等於是先貸款後還錢；幸好佛菩薩慈悲，沒有要求以任何物品做為信用抵押，就先給與貸款。這是布施心的第一個層次。

另外也有先做好事，但希望好人有好報，種善因得善果，種瓜得瓜，種豆得豆，還希望種一粒瓜能得十粒瓜，種一粒豆能得百粒豆。這是第二種層次的人。

有些人是自願做好事做善事，並且很認真地做，心甘情願地做，他們做義工不求回饋，以為做義工的本身就是一種享受、一份獲得，這種觀念在歐美社會已在流行，在我們國內則尚未十分普遍。這是第三層次。

有些人種瓜不為自己，種的瓜是要分享給他人，沒想到是為自己，種的時候也不預期有多少收穫，收穫多福報多大家分，收穫少表示大家福報少，一樣大家分享。這是第四層次。

另一些人的境界很高了，他們只管用心種瓜，收成之後與大家分享，卻不覺得自己做了這些事有什麼了不起，心裡全然不留痕跡；萬一沒收穫是因緣不成熟，也不覺得有什麼大不得了的，把行善布施的過程當作就是修行。只知道這是學佛修菩薩道的人應該走的路，所謂「做一天和尚撞一天鐘」，做一天人就應勤勤奮奮地努力，盡人應盡的本分，至於有沒有回饋、有沒有收穫，不用計較、不用執著。其實，若以無所求心布施者，皆有大福，心大福也大，盡心盡力行布施修供養，不求大福，不求小福，不考慮個人利益損失，便是菩薩的無相行。能夠布施的本身，便是大福德行。這是第五層次。

經文「其有施者，無大福、無小福；不為益、不為損」，就是以上所講的第五個層次。

一般人不容易一下子就到達第五個層次，不過至少應做到第三或第四層，請諸位試試看。如果老是停留在第一個層次的話，等於沒來聽經，第二層次則是聽經沒聽懂，第三層次表示已經在學習了，第四個層次、第五個層次是已經是聖者，乃至已到達佛果的程度。

三、修福修慧的層次

「如是寶積，菩薩隨其直心則能發行，隨其發行則得深心；隨其深心則意調伏，隨意調伏則如說行；隨如說行則能迴向，隨其迴向則有方便；隨其方便則成就眾生，隨成就眾生則佛土淨；隨佛土淨則說法淨，隨說法淨則智慧淨；隨智慧淨則其心淨，隨其心淨則一切功德淨。」〈佛國品〉第一

「直心」、「深心」、「意調伏」是初機智慧；「迴向」、「方便」、「成就眾生」、「佛土淨」是無盡福田；「說法淨」、「智慧淨」、「心淨」、「一切功德淨」是究竟智慧。這一節經文在講修行的種種層次。菩薩首先要有直心，「直心」是誠懇正直無扭曲的心，對三寶有真誠的信心，乃至於對每一眾生皆能成佛有信心，對任何眾生都不失望。有了信心之後，就會產生度眾生的種種方便善巧的行為，包括福行和慧行；開始修福修慧之後，其修行的工夫愈深，信心便愈堅固，體會也愈懇切，叫作「深心」；體會愈來愈深，信心愈來愈堅固，煩惱自然愈來愈少，這叫「調伏」；凡夫的心通常是心猿意馬、妄想紛飛，沒有辦法控制，這叫不調伏，要使自己的心能夠善念不起、惡念不生，那是非常不容易的。

調伏的過程是從有善有惡、知善知惡、行善去惡，慢慢地調，首先要駕御自己的心，只有善念沒有惡念，然後再做到不思善、不思惡，善念不起惡念不生。隨其調伏的功能，就能照著自己對佛法的體驗和認識而向他人宣說。

我小時候住在非常偏僻的鄉下，從未見過也未吃過香蕉，有一次我哥哥從上海帶來一串香蕉，已經爛熟得皮都差不多黑了大半，不夠全家一人分一條，因為我最小，所以分到一條，嘗了一口覺得真是從未享受過的人間美味，心想學校裡的同學們肯定沒吃過，就再也捨不得吃，拿到學校每個同學舔一口，讓同班的每個人都嘗到了香蕉的味道。後來我知道佛法對自己有用，佛法這麼好，我以同樣的心態，認為別人也會需要，便不斷地將佛法傳播給需要它的人，直到今天。這就是調伏自己，便要如說修行。

「隨如說行則能迴向」，當在如說修行之後，還要能夠不居功德，那就應當迴向。迴向是自己所做的功德，要分享給他人，這點很少人能夠打內心起做得到，雖然有人做了卻不是那般懇切的。譬如自己帶頭做了某件事之後，總不忘告訴別人這是我做的、我促成的、我建議的、我……。很多很有名的人物，也都無可避免，總希望別人知道自己所做的種種好事。但這是不公平的，一件事的成就是由很多人共同努力而成，不是一人之力能單獨完成的。

當自己完成了一項工作的功德，不應沾沾自喜地以為僅是自己個人的成就，要認為這是社會環境及所有相關的人員共同努力促成的，自己只是其中的一個因素而已，若無大家的支持、相應與合作，個人的作用是相當有限的。現在有很多人已有這樣的認知，但心裡依舊認為自己投注的財力、體力、心力、時間是最大的因素，心想：「如果沒有我怎可能成功？」在現實社會中，這是正常的想法，不過與迴向的道理不甚相應。

做為菩薩行者，要懂得迴向，要相信自己所有的一切，都是屬於大家共同的成就，因有眾人才有個人的成就，因此要心存感謝。例如今晚大家慈悲來聽講，我才有演講的因緣，所以我當感謝各位的功德成就；站在你們諸位聽眾菩薩的立場，也當感謝今晚的演講因緣。這就是迴向。

「隨其迴向則有方便」，這是說知道大家有如此大的功德於自己，自己當然要趕快以種種方便來回饋大家；眾生幫助了我，我也要幫助眾生，相互感恩、彼此回饋。

「隨其方便則成就眾生，隨成就眾生則佛土淨」，這是說，既能夠以種種方便法門廣度眾生，就能成就眾生，亦即能成全大眾的意思。我們法鼓山的精神，便是「奉獻我們自己，成就社會大眾」，那就是成就眾生的意思。以我們自己的財力、體力、智慧等任何一種力量，來成就社會大眾，成就了社會，我們自己也一定是水漲船高，隨著成長。所以菩薩一定要努力成就眾生，成就眾生之後佛國才會出現，假如不成就眾生，眾生不能成為菩薩，更不能成佛。必須要讓其他的眾生成了菩薩，與你生活在同一個環境裡，你才可能成為佛。佛是從菩薩之中產生，菩薩則是由眾生之中產生，離開眾生無菩薩，離開菩薩沒有佛。佛土一定經由成就眾生而產生，所以成就眾生才能成就佛土。

「隨佛土淨則說法淨」，這是說淨土在心中出現了才能體驗到正確的、純粹的大乘佛法。說法淨有三義：1.是說純粹的大乘佛法，不說世間的煩惱汙染法，也不說小乘法。2.是不管說任何法，從哪一點說法，最後都歸集於大乘佛法。3.是以清淨的無染著心說法。

像我現在說的佛法，有的是從人的立場講，有的是從天的立場講，有的則是從小乘的立場講，但目標都是指向佛的層次，不是講人間法就止於人間；講天人法就拘限在天的境界；講二乘就止於聲聞、緣覺；我們說法不可以有企圖心執著心，便是說法淨。

「隨說法淨則智慧淨；隨智慧淨則其心淨」，這是說，若能說法清淨，必定能有無漏的智慧，也就是無我的智慧。有無漏無我的智慧出現，此心就是清淨心，純粹圓滿的清淨心就是佛心。心分為兩部分：一是清淨的，一是不清淨的。以不清淨的煩惱心見到的一切眾生都是眾生，說難聽一點以狗眼看人，人也被狗看成了是狗；以清淨的佛眼看人，人人都是佛，因此若能以清淨的佛心，所看到的世間一切眾生，都與諸佛平等無二。

「隨其心淨則一切功德淨」，這是說，心得清淨便無執著，故也不執功德，才是最大功德；「一切功德淨」則超越了有功德及無功德的層次。能夠達到清淨無染的佛心境界，做一切功德而不以為有何功德。如果執著有功德，那一定是小功德不是無量功德，大功德是無可衡量，所以等於沒有功德，那便是功德淨。

以上經文中的「直心」、「深心」、「意調伏」，這三項是初機的智慧；「迴向」、「方便」、「成就眾生」、「佛土淨」是無盡的福田。初機的智慧是開始學佛之後從佛法而得的智慧。到了「說法淨」、「智慧淨」、「心淨」、「一切功德淨」才是智慧的圓熟。

維摩詰語諸長者子，……「然汝等便發阿耨多羅三藐三菩提心，是即出家，是即具足。」〈弟子品〉第三

讚歎在家受具足戒功德，能夠發起無上菩提心者，即是最高的福慧大行，便與出家受具足戒的功德相等。

這三句經文是肯定發無上菩提心乃是最高的福慧大行，可以跟出家受具足戒之功德相比。依佛教的倫理次第而言，分為僧俗七眾，以出家受比丘、比丘尼具足戒者有無上功德。《出家功德經》說：若人一日一夜，捨欲出家，持清淨戒，就有無限的功德，二十劫中，常生天上，不墮三塗惡道，最後成獨覺。更何況是終生出家受具足戒。出家能夠報一切的恩德，因此有說「一子出家，九祖超生」。這是因為一個人出家是離欲而奉獻，一方面不為自我求欲樂，一方面奉獻自己的生命為自度度人，度一切眾生離苦得樂，亦即是全心全力上求佛道、下化眾生。上求佛道必須先將世俗的欲樂擺下來，才能擔起修行菩薩道的責任，所以出家不是等閑事，乃是大丈夫事。

可是維摩詰居士在此告知諸位有德有才有地位的青年們另一種觀點。他說：「你們只要發阿耨多羅三藐三菩提心，就如同出家，如同受了具足戒。」阿耨多羅三藐三菩提心譯成中文是無上正等正覺心，又叫無上正遍知覺心，簡單地說就是發成佛的願心，又叫發大菩提心。

能發大菩提心，就是發了成佛願心的人，他就一定要從難行能行、難捨能捨、難忍能忍的菩薩學處做起。我們已經講過佛是菩薩成的，菩薩是佛的弟子，也是成佛的基礎，菩薩道的圓滿，佛的果位自然出現，是故發阿耨多羅三藐三菩提心的人，一定是修菩薩道、行菩薩行的人，他們決定不會貪戀五欲，也決定不會毀壞淨戒。所以等於出家受了具足戒。

真正捨欲出家的比丘、比丘尼們，也必定是非常精進努力的。出家人在養成階段，就等於是一般人在讀書的階段；一般人讀書畢了業是到社會上工作，為社會服務。出家人養成之後則是奉獻自己成就眾生。出家人在養成階段是非常地單純，生活上與其他的人及社會，往往有一段時間是隔離的，像我本人就曾經在山裡住過六年的時間，目前我們農禪寺的新出家眾雖與居士們有所接觸，但仍先以出家心態及出家儀態的養成為主，負責接引眾生的責任還是比較少。不過，我們是大乘佛法的出家眾，求度出家的同時，也一定要發無上菩提心的。

發了菩提心的菩薩，一開始就無條件地奉獻，為大眾服務，因此發了無上菩提心的出家眾，便是出家菩薩。

時維摩詰來謂我言：「彌勒……實無發阿耨多羅三藐三菩提心者，亦無退者。」——〈菩薩品〉第四此又超越了對於無上菩提心的福慧功德之執著。

這意思是不要認為發了無上菩提心就是了不起，自己認為已發無上菩提心的人，如對於發願成佛這樁事生起執著，就表示還沒有超越還沒有解脫。現在有一派外道說自己是古佛，又有一派說自己是偉大的菩薩化身，那很麻煩。我們只能說自己已在學佛修菩薩道，希望學習著諸佛菩薩的心行去做。更進一步的則要把自己是能成佛、將成佛、已經發願成佛的執著心也要放下來。放下執著，精進修行。

我在指導弟子們修行時，經常勉勵大家說：「修行的過程就是目的。」只要站定腳跟認清方向，一步一個坑，步步為營向前走去，每走一步，都是修行成果。

唯有如此，才不會老是期待著成果，如果想著已經得到什麼樣的成果，那都是虛妄的幻覺、魔境。很多人走火入魔就是因求證、求悟、求功太急切了，不但不能成佛，反而入了魔道。

因此真正學佛修大行的人，一定要超越對佛的追求，放下求成佛道的執著，否則反會成為悟道的障礙。

四、修福修慧的輕重

善德白佛言：「……憶念我昔自於父舍設大施會，供養一切沙門、婆羅門及諸外道、貧窮、下賤、孤獨、乞人，期滿七日。時維摩詰來入會中，謂我言：『長者子！夫大施會，不當如汝所設，當為法施之會，何用是財施會為？』……『法施會者，無前無後，一時供養一切眾生是名法施之會。』……『謂以菩提起於慈心，以救眾生起大悲心，以持正法起於喜心，以攝智慧行於捨心。』『教化眾生而起於空，不捨有為法而起無相，示現受生而起無作。』」〈菩薩品〉第四

這是以有相心，修財物施，為有漏福行；若以法施而入「空」、「無相」、「無作」的三解脫門，是無漏的福慧雙修。

這一段經文是說釋迦牟尼佛的大弟子中，有位長者子名叫善德，是位年輕的在家居士，他曾經在他父親的家裡設大施會，用財物、食物、日常用品等對一切的人做布施，包括出家人、外教的宗教師，還有窮人、社會地位低賤的人、無人照顧孤獨的

人，以及乞丐等等。這樣的布施大會，滿了七天之後，維摩詰居士來到布施大會中對長者子說：「你用財物、食物、衣物等等來布施，尚不夠好，你應該還有更好的東西用來布施，是什麼呢？是用佛法來布施。像你已懂得佛法，也在修行佛法，應該不用財施而用法施，因為法施是無有前後的、是無限的，一時之中可以供養一切眾生；財施則非常有限，在七天之中只有來到此處的人才能得到，而且前面已得過的後面就無法再得到了，用完之後就沒有了；若用佛法布施他們，則是永遠用不完的。」

法施是用慈、悲、喜、捨四無量心，這是佛、大菩薩的大慈悲心、大歡喜心、大平等心，用五戒十善為基礎，四聖諦八正道為原則，六度四攝為方便，攝化一切眾生。

雖然用佛法布施眾生，自己卻不執著於有眾生被布施；雖然有攝化眾生之事實與現象，但在自己心中卻是無我相、無人相、無眾生相的；雖然度了眾生而在心中實無一眾生被度，這叫無相。

「示現受生而起無作」，意思是自己為了度眾生而在眾生之中出生入死，也如眾生一樣從母胎受生，到最後，肉體亦會死亡，但內心並不覺得自己是在生死之中受苦受難，從眾生立場看他，現有生死相，他自己心中則是自由自在地在眾生之中出生入死，等於不生不滅，無來無去。生死相，對他來講並不妨礙涅槃境，無造作故，這叫無作。

若把布施的觀念更深入地解釋：一般把布施分為財布施、法布施、無畏布施的三類；另外還可加上隨喜功德的心布施。財布施大家都曉得是用錢財、物品來幫助貧窮、疾病、急難、災害等的人。這雖不容易，但尚可以多多少少，人人有力。

心布施是什麼？心布施是我雖無力布施，但能隨喜讚歎；我的心中祈願眾生皆離苦。一般宗教徒大都有這種心願。譬如現在臺灣鬧水荒，大家都希望求雨，但這雨是為自己而求，不算是心布施；如果是非洲地區鬧饑荒，我們在此祈禱願他們那邊不要鬧乾旱，能夠五穀豐登，希望他們能得到足夠的糧食，遠離饑荒的災難，不是為己求是為了眾生祈求，這才是心布施。

心的力量有大有小，修行工夫愈深的人，心的力量愈強，修行工夫愈淺的人，心的力量愈小。但如果我們發了大願心，祈願一切眾生都能永遠離苦得樂；則因一切眾生是無限的，永遠的時間也是無限的，因此雖只是一個普通人，在一個時間能發這樣的心，其願心卻是無限的。

用財物布施的數量、時間、範圍，都極其有限，用佛法布施則可在時間上能夠有永續的作用，可在空間上能有無限的伸展。例如今晚諸位聽了佛法，回去以後身體力行，不論會不會用嘴巴說，你的行為和人格必能自然地影響到他人，不論你有沒有說法，別人也會認為你聽了《維摩經》，畢竟是不同。

當你的觀念、態度、行為，由於聞法而改變了，與你生活在一起的人，或多或少無形中會受你影響，受了影響之後，可能對聽聞佛法產生興趣；一個人影響多人，多人影響，輾轉影響，範圍愈來愈廣，人數愈來愈多。時間上不論個人自己的一生又一生，以及人類延續的一代又一代，影響下去，也是無限的。所以法布施是大布施。不過也請不要以為只要法布施，不需財布施。只是於財布施之外，更要用法布施，才是真正的福慧雙修。

給人糧食固能救一時之飢，教人耕種方法則能助其自力更生，轉而濟助他人，因此，救濟很有功德；教育的功德，猶重於物質的救濟。

這是說明給人物質的財物，固然能夠解救一時的貧窮困境，終非根本之道，如能訓練他們的頭腦和雙手，則能助其自力更生，甚且還能轉助他人，此乃我一向所強調的：以教育達成關懷的目的，才是福慧雙修的佛法。

（一九九三年九月二十六日講於臺北市國父紀念館）

第三講　《維摩經》與淨化人生

一、什麼是人生

人生的意思很難解釋，簡單地說，就是人的生命、生活、生存，此三者之間是息息相關的。而人的生命究竟是什麼？人的生活又是什麼？人的生存與其他動物又有什麼不同？且讓我們討論一下。

人與動物不同之處在於人有人心、有記憶、有思想、有分辨的能力、有感情、有理智、有知識、有學問，其他的動物只有求生的本能，若干高級動物雖有少許記憶及感情，卻沒有人類潛在的慈悲及智慧。因此在所有動物之中，要修行、願成佛的是人，其他動物則不可能。相反地，從佛法的觀點看，只有人既能造業，又能受報，其他動物，只能受報不能造業。所謂「善有善報，惡有惡報」，是因為人類有善惡好壞的分別心，知道自己是在做什麼或做了什麼。有行為就有回饋，因此造了業就會有果報。像我常舉的例子說，老虎吃人是本能的平常心，人吃老虎是貪瞋等的煩惱心。平常心不會造業，虛妄執著的虛榮心就會造業了。因此人的生命過程是在一邊受報，一邊造業，其他動物的生命過程只為了受報。

人的生活是在做什麼？一般以為有飯吃、有衣穿、有地方住，就可以生活了。其實不然，人的生活中有許多無關乎吃飯、穿衣、居住，而是屬於心靈生活的問題，卻主導著我們的身體也影響著我們的環境。

人的生存，除了飲食男女是與其他動物相同的本能之外，還有名譽、道德、倫理、責任等的觀念。

人可以經由教育而影響其生命、生活、生存的現象，也可以由環境、生活背景，以及過去世帶來的業報、因緣，而產生對自己或他人的不良影響，因此世間有許多人專門製造問題和困擾，為自己、為他人帶來煩惱或麻煩，可以說那些都是人的行為，都是從他們的心靈活動產生出來的。

有的人可能一生中經常被人視為好人，突然有一個時段做了壞事，被人視為壞人了；有的人則可能對所有的人都很好，但對特定的某些人卻很壞。故對於究竟誰是好人或壞人，便很難判斷。所以我常這麼說：「人間沒有壞人，只有偶爾有人動了壞念頭，做了壞事。」壞事可以改，壞心可以變，如此淨化的人生或人生的淨化，方有其實現的可能性。人的可貴處就是有可能從壞變成好，從好變得更好。所以我們今天用《維摩經》的觀點來討論淨化人生的問題。

二、淨化的人生

「心常安住，無礙解脫，念定總持，辯才不斷。」

「功德智慧，以修其心，相好嚴身，色像第一，捨諸世間，所有飾好。」——〈佛國品〉第一

這兩段經文的第一段，是講的心，第二段講的是身和心。不論是淨化的人生或人生的淨化，都得從人的身心淨化做起。

剛才講到人之所以為人，是因為人有人心，跟其他的眾生不一樣。每一個人在基本觀念上都會希望成為一個受人尊重的人，也希望別人把自己當作好人，可是在

心智混亂糊塗的時候，或在某種以自我中心的利益為前提的情況下，往往會放棄成為好人的念頭，放棄受別人讚歎的意願，而以「能流芳百世固然好，遺臭萬年是不得已也」來自我搪塞，甚至根本不在乎流芳百世或遺臭萬年，只要目前能得到想要的就好。因此，人心之所以有好壞與善惡之別，是受到業力的驅使，故有環境的影響以及各式各樣的誘惑和刺激所致。

站在佛法的立場來講，人如果能使此心安定，那就什麼問題都不會發生。因此經文指示我們要「心常安住」，心住於不動，心便能不受環境的誘惑或威脅，不管環境如何地變，此心則是以不變應萬變，在佛學上稱之為「心不隨境轉」。更進一步還可以使得境隨著心轉，《維摩經》所說「心淨國土淨」，便是隨著我們的心清淨則所居的國土亦自然清淨。

當我們心中無煩惱時，看這個世界即是和平的世界；當在心中充滿了仇恨、憤怒的情況下，看這個世界則是瘋狂混亂的。心常安住於平常狀態就能無礙解脫，無礙解脫就是心無罣礙，你罵我、說我、毀謗我、誣衊我，我都聽得清清楚楚，但皆無礙於內心的安靜。

有一位中國國民黨的中央委員，在剛被選出之後來見我，他說此次選舉他沒拉票也沒換票，會當選是因大家見他不講話就給他一張同情票，當時他無得無失，打算能被選上很好，落選了就不當。結果拉票拉得凶的也當選，沒拉票的也當選，究竟怎麼樣才對？就很難說了。我想以平常心拉票或以平常心不拉票都是對的，只要心中無罣無礙無得無失，就是得解脫。

「念定總持，辯才不斷」，所謂「念定」是我們的心念處於一種非常安定的情況下，便能包容一切、接受一切、涵蓋一切；如果心不能安住，那是散亂的狀態，這時看到、聽到、嗅到、接觸到的任何事物，都被這種散亂心所扭曲尚不自知。心念若安定，不論接物待人皆能隨緣應對恰到好處，能夠統理全局，把握整體，成為辯才不斷的法師。

辯才不斷，即是無我無礙的辯才，它的形成是由於不預設立場，亦即隨時隨地以對方的立場為主，不以自我的立場為立場。一個辯論家如執著有自己的論點、自己的觀念，到最後一定會輸。所以釋迦牟尼佛告訴我們，辯論不是最好的辦法，立論雖有其必要，但是最高明的辯論則是無言勝有言。那就可能達到辯才無礙了。

「功德智慧，以修其心」，這是說，修諸功德及智慧，目的皆為修心。而以無我心做一切事是大功德；以眾生的立場為眾生做一切事，就是智慧的功德。如何能有功德、有智慧呢？《維摩經》告訴我們，要以六度法門修其心、嚴其身，不要用世間的種種虛榮滿足自己的心，不要用高貴的衣服珍寶來裝飾自己的身體。

威儀和禮儀可分三大項目：心儀、身儀、口儀。心儀是有清淨心、有懇切心、有真誠心，這樣的人講的話，必能使人心悅誠服。不要懷疑別人、否定別人，而用標榜自己來肯定自己。如果一切作為只是為了自己的利益，接觸多了人家自不會喜歡他；有的人則是沉默寡言，不善辭令，但以真誠懇切的心待人，倒是能夠贏得他人的信賴。這就是威儀和禮儀的功德智慧。

我有一些皈依弟子，在開始做法鼓山勸募會員時，總覺得他們自己不善辭令，大概找不到護持會員，也募不到款。我說：「如果會講話是花言巧語，你愈講人家愈怕你，認為你是騙子；如果不會講話而能誠誠懇懇地與他人接觸，人家便會相信你，會把淨資自動送給你。」這就是修心的功德智慧。

「相好嚴身」就是佛以三十二相八十種隨形好莊嚴身體，凡夫眾生沒有那樣的相好，當於一舉手一投足的待人接物，都要親切有禮。懂禮貌的人應見了人最好能叫出對方的名字，至少也應該記得對方面孔，見面時以歡喜心、恭敬心，合掌問訊，再念一句：「阿彌陀佛！」這種禮節，會使人感到歡喜，願意跟你親近。所以，禮儀就代表著相好。

每一個人都能從面部的表情及身體的動作，通過威儀禮貌，讓人覺得你是一位相好莊嚴的修行者。這在「身儀」方面，可包含坐、立、行動、舉手投足、低頭合掌等的姿勢，與人同行時、出入電梯時、上下汽車時的先後順序等等。萬一不曾受過禮儀訓練也勿自卑，但要謙虛誠實；待人一定要親切和善，乃是非常重要的一件事。

在口儀方面，跟人講話時最好不用粗俗語、流俗語、低俗語，常帶客氣的敬語和尊敬，譬如尊稱對方某某居士、某某菩薩、某某法師，是尊敬的稱呼。跟自己的同門信眾之間宜互相稱呼師兄師姊；對於尚未皈依三寶的人士，宜稱呼他們先生女士，對年長的稱呼老先生、老太太，或稱呼伯伯、叔叔、阿姨也很好。

菩薩不需要用世間的虛榮來裝潢門面，也不用以珠光寶氣、穿金戴銀，把自己打扮得花花綠綠、庸俗不堪。就像繡花枕頭，外表很漂亮，裡面全是棉絮草包；至於內在的充實，除了知識學問的修養，更重要的是有誠懇心，對人要謙讓恭敬，要有恰到好處、適如其分的禮貌。這就是一種莊嚴，所以人的淨化是從心的行為淨化起，再從身體和語言的行為表現出來淨化人間。

「不著世間如蓮華，常善入於空寂行，達諸法相無罣礙，稽首如空無所依。」〈佛國品〉第一

此文是說，菩薩的心，不受世間染，猶如蓮花不受汙泥染；經常處於空寂的心境，對於一切現象已能不被罣礙；禮敬亦是如空，無所依賴。

菩薩住於世間，而能不為色、聲、香、味、觸等的五欲所擾亂，就好像蓮花從汙泥裡面生長出來，其在水面上所開的花是纖塵不染的。

菩薩在五欲世界廣度眾生，自身不享受五欲，也不為五欲困擾，雖然為了度眾生而在世間受苦受難，但其心境則經常住於空無所依的寂滅狀態，認為所受所做等於沒有受沒有做。受盡苦難折磨，等於沒有發生任何事情。因為是為眾生受苦難，不是因為自己的業報而受，所以等於沒有受報。

「達諸法相無罣礙」，「諸法相」是指世間的每一種現象，包括生理現象、心理現象、物質現象、社會現象、自然現象，任何一種現象都是從空而有、從有到空，即空即有、非空非有。能夠了知如此一切現象，而不為任何現象難倒困住，便稱為無罣礙。

凡夫所見的一切現象，認為是有的，小乘羅漢所見的一切現象是空的，而菩薩看一切現象是即空即有、非空非有。因他自己不需要這些東西，所以是空；眾生還在這些東西的環境之中，所以是有。因此用有來達到空的目標，以空的體驗來幫助有的眾生，這就是即空即有、非空非有的無罣礙心。

「稽首如空無所依」，「稽首」是頂禮的意思，頂禮即空即有、非空非有的三寶。如空的三寶在此處主要是指「法」，意思是對如空的佛、法、僧，要非常恭敬地禮拜讚歎，但也不把它當成是自己所依所靠的執著物。

一般人皈依三寶，是要依靠三寶來修行的，解脫自在的菩薩則是用佛法廣度眾生，不以佛法做為自己的依靠，因為已經沒有我了，還有什麼需要依靠佛法的？一般人為了自利極需仰賴佛法，大菩薩是用佛法利益眾生，不為自利，因已無我，無須佛法做為自利之依靠，所以叫作「無所依」。

「十善是菩薩淨土，菩薩成佛時，命不中夭、大富、梵行、所言誠諦、常以軟語、眷屬不離、善和諍訟、言必饒益、不嫉、不恚、正見眾生來生其國。」〈佛國品〉第一這段經文是說，菩薩在度眾生的過程中，以十善法來化度眾生，所有被他教化的眾生用十善法做為生活的、生存的、生命的方式和運作。當在菩薩成佛之時，這些眾生都已成就了十善的功德，而到菩薩的淨土與他一塊兒生活。

《維摩經》此處所說的十善，與平常的五戒十善的十善法略異，一般所說十善法：是不殺、不盜、不邪淫、不妄言、不綺語、不兩舌、不惡口、不貪欲、不瞋恚、不邪見（愚癡）。《維摩經》則從更積極的角度，另立如下十項善法的名稱：

（一）命不中夭：未成年而死叫夭；不中夭是說在兒童乃至青少年時期不會死亡，至少到成年以後才會死，因是菩薩身所以不會短命，此是不殺生的善業果報。

（二）大富：不偷盜，所以有大富貴。

（三）梵行：不邪淫，能守禁戒，沒有男女欲事。

（四）所言誠諦：不妄語、不說謊。

（五）常以軟語：不惡口、不罵人。

（六）眷屬不離、善和諍訟：不兩舌、不搬弄是非，所以眷屬不會分離，有訴訟鬥爭的時候很容易解決。

（七）言必饒益：不說無意義的話，所說必有益眾生。

（八）不嫉：不妒嫉人。

（九）不恚：不瞋恨人。

（一〇）正見：沒有邪見，信因果明因緣。正見是了知人一定有過去和未來，天天生活在變動中，一切因緣隨時有散、有聚、有合、有離。深信因果，明瞭因緣，不落常見與斷見；常見是認為生命是永恆的，相信有一個至高的神，是唯一而且永恆的；斷見是認為人死如燈滅，人生如幻泡。

「雖為白衣，奉持沙門清淨律行；雖處居家，不著三界；示有妻子，常修梵行；現有眷屬，常樂遠離；雖服寶飾，而以相好嚴身；雖復飲食，而以禪悅為味。」〈方便品〉第二

這段經文是說，一個淨化的人生，除了修十善法之外，還應學習得像維摩詰菩薩一樣，做一個入世而不染於欲樂的梵行居士。十善是普通的居士所應修持，對一個真正修菩薩行的居士則更應學習維摩詰菩薩的言行。那就是雖身為一個居士，卻能遵守出家比丘的清淨律儀；雖居住於俗人的家庭，但生活得像出家人一樣地簡

樸清淨；雖是居士身分，對欲界、色界、無色界的欲樂和禪定，都不貪戀染著；雖示現有妻有子，實際上經常在修離欲的梵行，絕不沾染男女的欲事；雖有家屬、親屬、部屬，卻常喜歡與他們在俗情方面保持距離。對居士而言，有時為了參加某些場合的應酬，必須依規定而做適當的打扮，卻不是為了炫耀自己的財富和地位。維摩詰菩薩也有因需要而打扮，但他的威儀比一般人高貴，所以他是用律儀的相好來莊嚴身相。相好是指人的威儀、禮儀，而非指刻意的妝扮。一個人的相貌與他內在的修養息息相關，所謂相由心生，心中的狀態，自然地會反映在臉上的表情。在飲食方面，只要有肉體，必定會像凡人一樣地，需要吃喝，但不以普通人的飲食為滿足口腹之欲，而是以心中的禪悅為滋養法身慧命的主要飲食。禪是智慧與慈悲的總合，以智慧處理自己的事，以慈悲處理他人的事；心中經常保持平常心，有安定感，叫禪悅。肚子飢渴的時候會想到飲食，胃中消化完畢，又會感到飢渴；禪悅充滿之後的菩薩行者，則在精神上經常覺得很飽滿而不虞匱乏。有一種人是財勢中餓鬼、權力中餓鬼、名位中餓鬼、男女欲事中餓鬼，貪得無厭，永遠沒有滿足之時，如有禪悅，則可使你經常滿足。

三、觀身非實淨化人生

維摩詰言：「……眾生病從四大起，以其有病是故我病。」〈文殊師利問疾品〉第五

這兩句經文，是說眾生的諸病，是起於四大和合而成的業報身，由於眾生尚在被諸病苦折磨之中，我維摩詰進入眾生群中，也示現了病相。

「四大」是組成我們身體的元素，那便是地、水、火、風。如果四大不調，身體就會有病。地是身體內的骨骼、肌肉、神經、經絡、血管、毛髮、牙齒、皮膚、指甲等，地也含各種維生素；水是血液及脂、淚、唾、汗、尿等各種分泌腺；火是熱度體溫；風是呼吸空氣。其中任何一大失去平衡，身體便會生病；因為以四大為身，就不可能沒有病。任何一個人，希望四大完全調和的可能性不多，只有程度的或多或少罷了。所以人的身體生出來時就帶著病，人的心靈則在未生之前就有病，把多生累劫的業障病帶到這一生來。

維摩詰菩薩本已得大解脫，為了慈悲度眾生，所以出生於印度的毘耶離城，也

示現有病，而發起了這場問疾說法的大法會，來淨化人心、淨化人生。

維摩詰因以身疾，廣為說法：「諸仁者！是身無常、無強、無力、無堅、速朽之法，不可信也。為苦為惱、眾病所集。諸仁者！如此身，明智者所不怙。」〈方便品〉第二

這段經文是維摩詰菩薩以善方便，居毘耶離城，為度眾生而示有身體，因有身體而現出有病，也可直接說，因有眾生所以有病。維摩詰菩薩以他自身有病的樣子來告訴大家，身體是無常的，經常在變化的；身體是非常地脆弱，隨時隨地都可能死亡；身體是無力的，人的體能非常有限；身體是不實在的，出生之後，便不斷地邁向老、病、死亡。所以明智之士，要知道身體是很不可靠的、是不足依怙的，宜提高警惕心，珍惜它、善待它、善用它。

年輕人身健力壯時，可能不顧一切地糟蹋身體，轉眼之間一過中年，百病纏身，即使還能過日子，也是在很快地老朽退化。我記得自己還很年少，怎麼一下子已經是六十四歲了，真是想不到呀！諸位年輕人，你們別高興得太早，很快就會跟

上我這把年紀的。無常帶給我們無限的苦惱，但只要是有智慧的人，就不會把這個身體的問題當作是不得了的事。

「是身如浮雲，須臾變滅；是身如電，念念不住；是身無主為如地，是身無我為如火，是身無壽為如風，是身無人為如水，是身不實，四大為家。」──〈方便品〉第二

我們的身體看似堅實，其實就像天上的浮雲經常在變化，剎那間即變幻無常；身體的細胞經過不斷地新陳代謝，很快地汰舊換新；身體要飲食要洗澡要排泄，直到老死為止，隨時都在變易；身體的組織念念不斷，分分秒秒有如閃電般快速地變動著；身體本身沒有主人，身體上每樣東西都是取之於地球，歸還於地球。吃的喝的穿的用的，無一不是拜大地、大自然所賜。地、水、火、風，都來自大自然，復還大自然，因此經文要說，身體無主、無我、無壽、無人，乃因如地、如火、如風、如水。身體以四大為家，身體不實，四大假合，回歸四大。這便是你我和他大家擁有的身體。

「是身不淨，穢惡充滿；是身為虛偽，雖假以澡浴、衣食，必歸磨滅；是身為災，百一病惱。」〈方便品〉第二

這段經文是說，我人生命所寄的身體，是穢惡不淨的、是虛幻不實的，儘管給它清洗、給它衣食，終究也會消失，在身體尚未消失之前，它卻是百病叢集的淵藪。

一般人沒辦法一下子就肯定自己的身體是不乾淨的，所以應修習觀想。例如每天早上起床之後要刷牙、洗臉，晚上上床之前要漱口、洗澡、洗腳、換衣服，這已表示身體是不乾淨的。漱口之後不大可能把漱口的水吞下去，吃進的東西也會成為大便、小便等穢物排泄出來，目前雖然有人主張以喝自己的小便治百病，但也並非把小便當成是乾淨的，就更遑論是大便了，這些在在表示身體是不潔淨的。人類有身體就會遇到災難，如沒有身體，雖有烈火、洪水、颶風、地震等自然現象，也沒有被傷害的對象了。

至於「百一病惱」的意思，是說四大之中的任何一大有所增損不調，便可能有一百零一種疾病生起。四大不調則共有四百零四病生也。地大生黃病，水大生痰

病，火大生熱病，風大生風病，各有一百零一種病。

「諸仁者，此可患厭，當樂佛身。所以者何？佛身者即法身也，從無量功德智慧生。從戒、定、慧、解脫、解脫知見生。」〈方便品〉第二

這段經文是說，我們的血肉之身是可厭的，最好是換成佛身；佛身就是法身，法身是無量的功德智慧身，那就是戒、定、慧、解脫、解脫知見的五分功德法身，才是真正最好的身體。

佛的身體共有三種：化身、報身、法身。

佛的化身，是指例如兩千六百多年前出生在印度的釋迦牟尼佛，是為了我們這個世界的眾生而應化投胎成為人，在人間成佛，此身雖比人間的凡夫長得更莊嚴些，傳說中有三十二種大人相，但是人的生、老、病、死等問題他照樣都有，凡夫也僅能看得到佛的應化身。

佛的報身，是天色身，像大梵天王那樣美好的身體，不會有臭穢、疾病、飢餓等種種問題，不會有人間的寒、熱、水、火、風、震等災難降臨。

佛的法身，不是一種有形的東西，而是由功德智慧所成，是指持戒的功德、修定的功德、修智慧的功德、解脫的功德、解脫知見的功德等所成，名為法身。

佛的法身，雖不是凡夫的肉眼所能看見，卻是任何人都有可能以自己的身心行為來體現，凡是能夠持戒、修定、修智慧、明解脫而心向解脫、助人解脫的人，便是實際表現了法身功德。也可以說，凡是能淨化人生、淨化身心的人，便是法身功德的顯現。

維摩詰言：「說身無常，不說厭離於身；說身有苦，不說樂於涅槃；說身無我，而說教導眾生；說身空寂，不說畢竟寂滅。……以己之疾，愍於彼疾，當識宿世無數劫苦，當念饒益一切眾生。」〈文殊師利問疾品〉第五

這段經文，描述偉大菩薩的人生觀。維摩詰菩薩告訴我們說，肉體的色身是無常的，但也不可厭離這個身體，因為法身的功德，尚需要借人間的色身來修行。一切眾生中，唯得人身，始能夠修行，所以佛說「人身難得」。

雖然色身的存在，會為我們帶來種種的苦難，但也不可因此而去趕快住於涅槃；苦的原因，不在於是否有色身，乃在於是否有煩惱。故在釋迦牟尼佛成道以後，魔王恐懼會有眾生聞法悟道，故勸佛陀：「你已成佛，世間多苦，你已出離，你就趕快涅槃吧！」魔王如此說是害怕魔子魔民也跟著學佛，不僅自私，也是太不慈悲了。因此大梵天王就來代替眾生向佛請法：「世尊您已成佛，不能趕快涅槃，很多眾生需要您說法。」因此菩薩雖知此色身不若法身，但也不說樂於涅槃，仍是一生又一生地廣度眾生。

雖說此一色身是四大假合，並不是我，但卻知道，色身不是我，眾生還存在，仍得借用此色身的生命，來教導眾生離苦得樂的佛法，教導眾生如何來淨化人生、淨化身心。

雖說四大假合的身體，是空非實，但也不說畢竟寂滅才是真實的佛身。前面已講空的意思，必須是非空非有、即空即有的空，才是真正的空，不是空掉色身以後就不需色身了，執色身為我是煩惱，借色身修行，便見佛身現前。

以自己有病之身，體驗害病的滋味，設身處地，來憐憫眾生的疾病，便是菩薩的慈悲。菩薩因了解自己，從過去無量數劫來，也曾受過種種苦難，故能體會眾生所受的苦難，而用佛法利益一切眾生，使眾生皆能提昇各自的品德，淨化身心，離苦得樂。

四、享用法樂淨化人生

爾時維摩詰語諸女言：「……汝等已發道意（發起無上菩提心），有法樂可以自娛，不應復樂五欲樂也。」〈菩薩品〉第四

根據經文，因有天魔波旬率領一萬二千魔女來擾亂持世菩薩，被維摩詰從旁說破，波旬即自行離去而捨眾魔女於現場，聽維摩詰說法，維摩詰菩薩稱她們為諸天女，告訴她們：「妳們在聞法之後，已發無上菩提道心，已有法樂可以自娛，不應再沉湎於五欲之樂了。」修學佛法，便能法喜充滿，五欲之樂是刺激的享受，法喜之樂是慈悲、禪定與智慧的清淨與解脫。

天女即問：「何謂法樂？」答言：「樂常信佛，樂欲聽法，樂供養

眾，樂離五欲，樂觀五陰如怨賊，樂觀四大如毒蛇。……樂隨護道意，樂饒益眾生，樂敬養師，樂廣行施，樂堅持戒，樂忍辱柔和，樂勤集善根，樂禪定不亂，樂離垢明慧。……樂斷諸煩惱，樂淨佛國土。……樂近同學，樂於非同學中心無恚礙。」〈菩薩品〉第四

這段經文，有五層意思：

（一）教誡那些天女，在信佛、聞法、供僧而為三寶弟子之後，應當遠離五欲之樂的貪戀；知道佛法之後，曉得五欲之樂是非常危脆，五欲雖可愛，但在五欲享受之後，接下的便是苦的果報。所以不宜享受五欲之樂，應當享受修學佛法的法樂。

（二）是為了維護、增長道心，必須要利益眾生、敬養師長。

（三）要修行布施、持戒、忍辱、精進、禪定、智慧的六度法門。在前面已曾講過，六度包含萬行，即是修行一切菩薩道的法門，那便是發菩提心、成就佛道的法門。

（四）要樂於修行斷除一切煩惱的法門，要樂於修行莊嚴佛國淨土的一切功德

願行。

（五）樂於親近同修菩薩道的善友知識，同時對於不是修行菩薩道的一般人，也不要把他們當成是一種障礙，應該要以平常心跟他們相處；換言之，菩薩道的修行者，須以平等心看待佛教徒和非佛教徒。

五、消融煩惱淨化人生

（文殊師利菩薩）又問：「諸佛解脫當於何求？」答曰：「當於一切眾生心行中求。」〈文殊師利問疾品〉第五

諸佛當然是已得解脫，但在尚未解脫之前的因中，修行菩薩道時，為求大解脫的佛法，必須發願度眾生，故說要得解脫，須向一切眾生的心行中求。解脫與煩惱的束縛是相對的，心中有煩惱，便等於是有疾病。佛法教我們解除煩惱，不僅修智慧，還要修慈悲，以智慧除煩惱，用慈悲度眾生；智慧一定要跟慈悲同時並行，才是菩薩成佛的雙輪兩翼。所以諸佛得解脫是從救度眾生中去做的。

「一切眾生心行」，就是眾生的煩惱現象。這句話有二層意思：1.是菩薩為了度煩惱的眾生，自己也表現得跟眾生一樣的有煩惱，才得以接近煩惱的眾生，再去度化眾生。2.是菩薩自身沒有煩惱，是為協助眾生消滅煩惱，而生存、生活於眾生之中。這便是諸佛得解脫的原因。

文殊師利言：「居士，有疾菩薩云何調伏其心？」維摩詰言：「有疾菩薩應作是念：今我此病，皆從前世妄想顛倒諸煩惱生，無有實法，誰受病者！所以者何？四大合故，假名為身，四大無主，身亦無我。又此病起，皆由著我，是故於我不應生著。既知病本，即除我想及眾生想，當起法想。……又此法者，各不相知，起時不言我起，滅時不言我滅。……此法想者，亦是顛倒；顛倒者，即是大患，我應離之。云何為離？離我我所。」〈文殊師利問疾品〉第五

這段經文，看來非常難懂，其實如已懂得《金剛經》講的「降伏其心」，即與此經的「調伏其心」相同。調伏煩惱心、對治煩惱心，就是降伏眾生的心病。

維摩詰菩薩說，菩薩所害的病與眾生所害的病是相同的，都是從過去世的妄想顛倒而生種種煩惱疾病，這種病並無實法，可惜眾生無知，於虛妄的五蘊法，起顛倒想，以無常為常，以苦為樂，把無我當成我，以不淨當成淨，因此產生種種的煩惱，造成有我的諸病。

若知四大無主，四大所成的肉體生命亦無有我，執著有我，便有病，不生我想及眾生想，病本即除。這就是佛法，而此佛法既無我想及眾生想，起作用時，不言我起作用，作用寂滅時，也不言我寂滅了。如果執著佛法而起法想，也是顛倒，也生大患，唯有離我及離我所，疾病即除。

不要把不淨的四大之身當成是清淨的實法；不要把四大假合的身體當成真實的「我」；不要把身體的享受當成永久的快樂；不要誤認身體永遠不死；也不要誤以為有一個永續的靈魂，否則就在此四種顛倒妄想之中而有種種煩惱，哪能不病！

六、解脫生死淨化人生

維摩詰（答文殊師利之問）言：「菩薩於生死畏中，當依如來功德之力。……當住度脫一切眾生。……欲度眾生，除其煩惱。……當行正念。……不善不生，善法不滅。」

又問：「善不善孰為本？」答曰：「身為本。」又問：「身孰為本？」答曰：「欲貪為本。」又問：「欲貪孰為本？」答曰：「虛妄分別為本。」又問：「虛妄分別孰為本？……無住孰為本？」答曰：「無住則無本。」〈觀眾生品〉第七

人生到了這段經文所說的境界，是很不容易的，這是在為人生應如何淨化做總結。人生是活動在生與死之間，離開了生與死就談不上有人生。對於生死的看法，凡夫貪生怕死；二乘厭離生死，逃避生死；菩薩則是在生死中而不畏生死，自由於生死。因此「菩薩於生死畏中，當依如來功德之力」。如來功德就是前面說過的戒、定、慧、解脫、解脫知見的法身功德，依靠這些力量就不會害怕生死，為度眾生而在生死之中來來去去，自由出入。

經文「當住度脫一切眾生」之意，就是住在生死之中，度脫一切眾生，這是偉大的菩薩行者。如果是貪戀生死、厭離生死，都不是大乘的菩薩精神，當然也不是

求成佛道的心行。

經文「欲度眾生，除其煩惱」的意思，是要除去自己的煩惱，也要協助眾生除去煩惱，那麼就要修學菩薩行來除煩惱了。

要除煩惱就要守持正念，若修觀想的方法、參禪的方法、持誦的方法等，若正念相繼，或淨念相繼，便能得三昧了，便能進入《維摩經》的不二法門了。

如是一心念佛、念法、念僧，或是念觀世音菩薩的聖號，或是專修任何一種菩薩法門，就是行的正念。

正念的工夫綿密，則要做到「不善不生，善法不滅」。善法即是正念，也是日常生活中的十善法。不善與善，也可配合四正勤來修行：未生之惡令不起，已生之惡當斷除；未生之善令生起，已生之善令增長。這些都是以心為主導，以身體為根本。初是為善去惡，終則超越善不善法。

因為身體原是依貪欲而生，因貪欲而有身體的果報。貪欲是以虛妄分別的執著心為本；虛妄分別的執著心是以顛倒妄想為本；顛倒妄想本來就是不存在的，若知如此，虛妄分別也沒有著力點了，那就是「無住」。

總而言之，人生是虛妄有而真實無，若能體驗到這個真理，假有妄有的人生，正好就是佛的法身。若無虛妄的人生，不需要說佛的三身，也不用諸佛菩薩來度化眾生了。

我們要從人的層次提昇到佛的層次，須經過淨化人生的階段，須用人的身體來修學佛法，廣度眾生，修福修慧，多結人緣，這是淨化人生的原則。有了淨化的人生，才有淨化的社會和淨化的世界。祝願人類幸福、眾生幸福。

（一九九三年九月二十七日講於臺北市國父紀念館）

第四講 《維摩經》與心靈環保

一、心淨即國土淨

第四講的主題是「心靈環保」，這雖是一個很新的名詞，但在二千五百多年前世尊所講的佛法，已無一不與心靈環保有關。今晚是從「心的清淨」這個著眼點來講佛法，介紹《維摩經》中所說的心靈環保。

心的清淨，關係到心靈的淨化以及心靈環境的衛生，其實就是相當於心理健康，或說是心理衛生。一般人不是認為心在身內，就是認為心不在身內。從佛法來講，心既不在身內，亦不在身外，也不在中間。意思是說，內在的心，不即環境不離環境，它是整個的，也可說它就涵蓋了內在和外在的環境，是不二法門。因此，講心靈環保要比一般的心理健康和心理衛生，更為深廣。

我從《維摩經》中摘錄出來的各句經文，看似彼此不相關聯，其實是相互呼應的，是針對這個主題所摘錄出來的。現在就進行對於經文的講解：

「目淨脩廣如青蓮，心淨已度諸禪定。」〈佛國品〉第一

在印度的蓮花，有青、黃、赤、白、紫等各種顏色，最上品的便是青蓮花。一般人都說眼睛是靈魂之窗，也是代表著智慧。眼睛清淨的話，就像一朵青色的蓮花。「目淨脩廣」，形容眼睛的相好，是三十二種大人相中的一種好相，這種眼睛並不像龍的眼，而是像大象的眼睛。脩廣的脩是長的意思，廣是寬的意思，這一句是形容眼睛，看起來就像青色蓮花瓣一般地美。這種相好，唯有佛以及印度傳說中的轉輪聖王才會具備。這樣的眼睛，也表達出內心的寧靜。

「心淨已度諸禪定」，諸禪定是指四禪八定，乃至九次第定及如來禪定。如果心已完全清淨，就等於是完成了世出世間大小三乘的一切禪修功能。心一旦清淨，便能不受環境的汙染和困擾，即是進入禪定。我們常說某人定力已深，其實不一定打坐時，才能表現定力。當一個人面對會讓自己心跳及發怒的情境，卻能夠不心跳、不發怒，就表示這個人有定力，其心不受干擾，這就是心的清淨。

「深入緣起，斷諸邪見，有無二邊，無復餘習。」〈佛國品〉第一

「緣起」是說任何一樣東西的產生，都不是單獨的、偶然的、突發的，而是必有其前因後果，以及許多因素的配合才得以完成的。如果能知道世界的一切現象，都是因緣所生，就一定能斷除執常、執斷、執權威、執虛無等的偏見邪見。

邪見又稱為常見或斷見。執常執斷，稱為「二邊」，「常見」者認為世間的一切是永恆的，本來就具有且永遠存在的。一切的現象皆由它創造而離不開它，一切的現象亦是被它所破壞而毀滅。但是它本身卻永不受破壞、毀滅，「它」是什麼東西呢？可以叫它是神，是上帝的權威，也可叫它是理，或真理。

常見的另外一個解釋，是說我們的靈魂，是不滅的，是永遠存在的。靈魂隨著我們這一生的出世而來，隨著逝世而到另外一個世界去，或生天國或下地獄或重新回到人間等處。環境在變、現象在變，而靈魂不變，這叫靈魂不滅。很多人認為這種見解就是佛教，這是錯誤的，佛教不承認有一個永恆不變的靈魂存在。佛教對於生命持續於生死之間的主體，稱為「神識」，更正確的是叫作「業識」，隨著造業的性質，便改變受報的質能，不斷地造業受報，業因不同，業果也變，所以是無

常、非常的。

綜合上述常見，有兩種解釋：一種是認為有一個第一因是為真理、上帝、神，另一種是以為靈魂不滅。這二種信仰，均非佛教的觀點。佛教講緣起，是指一切的現象都是因緣生、因緣滅。有因緣的關係，前因與後果連續下來，成了因果的關係。在空間上的組成叫因緣，在時間上的連貫叫因果。用這二點來看，就會否定了常見在哲學上或宗教上的看法。

至於「斷見」，是說人在出生之前是沒有什麼的，既無物質的肉體，也無精神的靈魂，死亡之後也不會有任何靈魂留在世間。人生存在於天地之間，除了身心的活動，沒有靈魂，也沒有神鬼。是人自己疑心所致而疑神疑鬼，內在的靈魂不存在，鬼神也不是實有其物，這叫作「斷滅論」，又叫作唯物論的「無神論」。他們相信，宇宙人生只有物質現象的互動關係，否定神鬼、靈體等精神的存在。「斷」是空前絕後，沒有過去世，也沒有未來世，生命的現象只有眼前的一世，人生如燈燃，人死如燈滅。此種唯物論者，不信有個人的三世因果，不能為人生帶來後續的安慰和警惕。

「斷」和「常」的見解，在佛法上稱為邪見，因為常見違背緣起論，斷見違背因果律；這二種見解也被稱為「邊見」，一是極右，一是極左，右是常，左是斷，而凡是執持極端，都會為人間帶來迷離和災難。然而不執二道而執中間叫作中庸，在佛法上也是不成立的，佛教不講中庸之道，因為那會造成騎牆式的調和論，故而偏左偏右都不好，執中的調和比較好，但執中庸之道，還是一種執著，而且兼顧兩邊放不下來。在佛法來說，不執二邊，也沒有中間，才是正確的中道觀念。

「無復餘習」，是說沒有餘留下任何的習氣，乃至微細的煩惱也不存在。唯有能夠深入緣起性空的佛，才能斷除一切的煩惱餘習。例如《大智度論》卷二云，二乘的阿羅漢與辟支佛「雖破三毒，氣分不盡。……佛三毒永盡無餘」。

「直心是菩薩淨土，菩薩成佛時，不諂眾生來生其國。」〈佛國品〉第一

「直心是道場，無虛假故。」〈菩薩品〉第四

《維摩經》中有兩處講到「直心」這個名詞。「直心」的意思是什麼？

昨天有一個在家弟子，寫了一篇修行的報告給我，他說他是一個直心腸的人，是快言快語、直話直說的人，因此常存好心說好話卻得罪人，不但傷了別人，也令自己覺得窩囊。請問諸位，這是我們現在要談的「直心」嗎？不，心直口快不等於是直心。心直口快是說話不經大腦，沒有深思熟慮，因此會說出不得體的話語。這裡談的直心，是指心中沒有一定要表現的意見，沒有自我的成見。沒有要表達什麼，只是隨緣應化，隨機攝化。

這個「直心」，粗淺者可以用腦波器來測量，腦波在思考時會波動，情緒激動時，腦波的波動更是非常明顯。直心的腦波是平靜的，成一直線進行。當我們沒有情緒的起伏和煩惱時，腦波便是平穩、平靜、平順的。

從修行的體驗而言，當心中無我、無煩惱時，是非常平靜、非常清明的，在這樣的情況下，就像是住於菩薩淨土。

在這種境界的菩薩成佛時，生在他的國土裡的一切眾生，都不會向人阿諛諂媚，也不會對人陽奉陰違，該處的一切眾生，都是直心的菩薩。此在《楞嚴經》卷一，也云：「十方如來，同一道故，出離生死，皆以直心。」《注維摩詰經》卷一云：「肇曰：……直心者，謂質直無諂，此心乃是萬行之本。……什曰：直心誠實心也；發心之始，始於誠實。」

反觀我們這個世界的眾生，多的是表面奉承，言不由衷，只是為滿足一己之目的和企圖，為達私利而不惜巧言令色。「道場」在密宗稱作曼荼羅，叫作壇城。例如《師子莊嚴王菩薩請問經》云：「道場之處當作方壇，名曼荼羅，廣狹隨時。」很多人認為設一個佛堂，有佛像就叫道場，所以寺院就是道場；也有人說，找一個蒲團坐下來打坐修行的地方，就是道場。其實不一定，嚴格來說，佛成道處名為道場；菩薩以直心故成就佛道，故說直心是道場。後來的人將供養佛像處，稱為道場。《注維摩詰經》卷四則云：「肇曰：閑宴修道之處，謂之道場也。」

《維摩經》中說，如果我們的心是質直的，心中誠質無諂，就是在道場中，道場就在其心中。心中有道場時，心外也就無處不是道場了。諸位坐在這裡聽講，此刻諸位心中若有道場，那麼這個演講所在的國父紀念館就是道場了。要努力去學習直心，便能體會到道場不在心外。

經文所指的「無虛假故」，是說不虛偽、不虛假，也是誠實無欺的意思。佛法說一切都是虛幻的，可是修道的心，則要誠實懇切，這就是道場。若一句句都是誇讚美妙動聽的話，背後用心卻是自私自利，有所企圖，那便是虛假的。如果自己能夠直心，也會影響他人直心，成佛時也唯與直心相應的眾生來生到自己的佛國淨土。

第一

「若菩薩欲得淨土，當淨其心。隨其心淨，則佛土淨。」〈佛國品〉

這兩句話，非常重要。此處的菩薩，指的是初發心的菩薩，是發了阿耨多羅三藐三菩提心的人。初發心的菩薩，還在娑婆世界，還在穢土之中。我們若想求得淨土，應當先自淨心，而非先要心外的這個世界清淨，由自我的內心清淨做起之後，自然能夠影響環境，使得他人也得清淨。

一般人都是向外要求，要求外在環境及他人，改變成他所希望的那樣。我有一位在家弟子，常對他的同事說應該這樣、應該那樣，對方問他為何如此要求他們，他回答：「這都是師父說的呀！」話是沒錯，但師父並沒有要他去要求別人應如何，而是教他要求自己應如何才對。我們修學佛法，是拿佛法標準來檢驗自己的，不是用來衡量別人的。

「當淨其心」，是淨自心。舉個例說，如果我們只要求別人的心清淨，不說惡語、不做壞事，好讓我們活在淨土中，這是顛倒了，這不是心淨國土淨，而是要國土先淨，而後心才清淨。《維摩經》是要我們先清淨自己的心之後，佛國的淨土自然出現眼前。否則環境雖好，若內心煩惱，縱然身處天堂，依舊苦如地獄。

西方確實有個阿彌陀佛願力所成的佛國淨土，但是如果我們的心得清淨，便體驗到隨時隨處的世界，就是淨土，這也就是「隨其心淨，則佛土淨」的道理。其實我們這個世界，由凡夫所見是五濁惡世；由佛所見，就是一個佛土。釋迦牟尼佛在我們這個娑婆世界成佛，這個世界為他的化土、淨土和佛土，我們就住在釋迦牟尼佛的佛土之中。只可憐眾生心中有煩惱，所以看不到。如果我們的心得清淨，就體會得到「隨其心淨，則佛土淨」的境界了。

淨土又可分成四類：1.人間淨土，2.天國淨土，3.他方佛國淨土，4.自心淨土。若能自淨其心，則通見四種淨土。

二、以六度淨心

「資財無量，攝諸貧民；奉戒清淨，攝諸毀禁；以忍調行，攝諸恚怒；以大精進，攝諸懈怠；一心禪寂，攝諸亂意；以決定慧，攝諸無智。」〈方便品〉第二

事實上這段經文，指的就是六度，又名六波羅蜜。布施是屬於物質層次的，其餘五項是屬於精神層次，是心的層次。要使得心淨見佛土，就要用六度：布施、持戒、忍辱、精進、禪定和智慧來淨心。

有一些附佛法外道，也講佛經，也說他們是宣揚佛法，但他們只想走捷徑抄近路，不要布施、持戒，不要打坐，不要努力用功，只想馬上就能開悟，得到果位，這跟我們的《維摩經》是相背離了。此處明示，要見佛土，就必須先淨其心，要淨其心就必須布施、持戒、忍辱、精進、修禪定、發智慧，才能真正斷煩惱、得解脫、證果位。

「布施」有財施、法施、無畏施。

「奉戒清淨」有二層意思：一是消極的，不應做的事不做。什麼是不應做的？凡對人、對社會、對眾生有害無益的事叫壞事；而對自己暫時有益，但非永遠有益，那是錯因果的也算壞事。因為對自己暫時有益的，可能是一時的巧取豪奪而發橫財，有名有利有權勢，對自己看似有利，然因因果的關係，終將無好的結果，所以實際上對自己還是有害的。

二是積極的，不僅不造惡業，更當不斷地做好事，凡對國家、社會、眾生有益的，必盡自己的能力去做。用我們的心力、我們的體力來成長自己，奉獻給他人，成就社會，利益眾生，叫作積極的持戒。對個人而言，凡是有益身心及道業的事，也不得不做，例如少欲、知足、知慚愧、拜佛和懺悔等，都包括在積極持戒的範圍裡。凡是淨戒，都能嚴持不犯，便是「攝諸毀禁」。

「忍」即忍辱忍耐之意，亦為接受、承認、認同的意思。唯有心甘情願地接受苦難的折磨，才是最大的忍耐，如不能接受，就不叫忍辱波羅蜜。我們在打坐修禪定時，很多初學者不習慣，坐了一段時間就腿痛、背痛、腰痛，最後連頭都痛，感覺如在地獄；然而如果接受它、面對它，就不會對痛感到很苦。同樣地，如果能面對毀謗打擊、百般的困擾糾纏，而不起憤怒瞋怨之心，便是修行忍辱波羅蜜。

我個人在修行時，就是如此體驗，每當痛得厲害時，就告訴自己：「原來這就是痛，看看還能痛到什麼程度？」我不是忍，而是任憑它痛，不拒絕它，也不去克服它，隨它去痛。在我的一生中，也常遇到極不如意的棘手事，我和我的弟子們，便以信心和耐心，忍辱負重，共度難關。當麻煩事發生時，絕不可怨天尤人，起瞋恨心，否則小不忍則亂大謀，會使你走投無路。因此我也常把不如意事，當作教我成長的恩遇來感謝。

前天我走在路上，看到一群狗，在咬一條狗，很殘忍。最初，被咬的那條狗，一直在掙扎，又叫又扭，而牠愈叫愈抵抗，愈激發那一群狗的興味，把牠咬得愈厲害。最後這條被攻擊的狗，倒像有了修行似的，裝死不動了，其他的狗看到牠不動了，覺得沒意思，便陸續地走掉；當那群狗走光之後，這條裝死的狗，就爬起來一溜煙地逃跑了。牠真是絕處逢生！我心裡想，這真是一隻懂得修忍辱行的狗呢！被咬得掙不脫時，乾脆靜下來讓牠們咬個夠去，牠接受了所遭遇的一切，結果反而為自己爭得一線生機。世界上很多情況都是這樣，你愈怕愈會碰上，例如怕死的人死得更快，怕狗咬的人愈可能被狗咬，怕鬼的人愈容易撞見鬼。但是，不能接受現狀的人還真多，所以不妨勸他們來修忍辱行的法門。

我的出家弟子中，有人出家已好幾年，知道忍辱行是應該修的，修了是有福報的，也會教別人要修忍辱行，只是碰上他們自己時，卻連一句較重的話都受不了，就要找師父評理，要求還他的公道，那就是不能忍。忍辱是要難行能行、難忍能忍、難捨能捨，真是很難做得到的。但是為了要學佛淨心，則非忍不可，要慢慢練習，從小忍而至大忍。

「大精進」是不斷努力、不懈怠、不放逸、不找藉口理由來原諒自己。修行的人，往往容易懈怠，所以有人說：「信佛一年，佛在眼前；信佛十年，佛在西天。」這就是不知精進，不能持久。其實，一時間要發精進勇猛心還比較容易，要發長遠持久心則很難。所以精進心一定要以持久心來配合，永不懈怠方是「大精進」，有大精進，才能有大成就。不過，精進不是洪水爆發，而要綿綿密密。例如在我的弟子中，常有人很精進，結果精進沒多久就害病了。就像肚子餓了，拚命地吃，把肚子撐得好大，不但不消化，還壞了腸胃一樣。那不是精進，精進是量力而為，盡心盡力，不斷地努力，而非一時的盲從、亦非情緒的衝動。當然，要能毫不保留地，放下對於自我身心的執著，全心努力，才是大精進。

「一心」就是禪定之意。禪定有兩種：一種是心的穩定，是心能不受環境的誘惑動搖；一種是心的統一，若前念與後念念念統一，就是入定。兩者都可稱為「禪寂」，禪定寂靜之意。《維摩經》裡講的「一心」，指的就是定慧不二的心，其心不只是統一的，而且是無二心，心中無分別、無雜念、無妄想、無煩惱。

「決定慧」的慧，也可分為兩類：有漏慧和無漏慧。有漏的智慧是有執著的，是有我的；無漏的智慧不但要無我執，亦要無法執。但有漏的世間智慧，也不同於知識，知識是一種學問，是可以透過書籍、前人的經驗、自己的體驗而得到；智慧則是一種創發、新的發現，說前人所未說，見前人所未見。許多的大學問家、大思想家，乃至於今晚的樂隊指揮陳中申居士，他們都有自己的發現和創意。例如陳居士吹笛子吹到笛子拿掉了，笛聲還在響，其實那是他的口技高明，他的嘴巴就是笛子，這就是他的一種發現、創作，是出於他的智慧。但是當一個人有了新發現，卻以為那是屬於自己所有並因而自鳴得意，則是有我、有漏的智慧。

至於無我的無漏智慧，也是一種明其別人所不明，但也不以知識、常識為基礎，而是視情況需要給予適當的反應。不論是用語言、動作、表情，都可以表現出一個人的智慧。

所謂無漏慧，乃是絕待的覺悟，對內外自他，均以智慧的功能，而悟見無我、無相、無住、無念，所以得大自在，稱為「決定慧」。而唯有無漏無我的智慧，才是六度中的般若波羅蜜，有我的世間智慧，稱不上「度」，因其只能解決暫時的、局部的問題，而仍無從超越自我中心的束縛。

「不斷婬怒癡，亦不與俱；不壞於身，而隨一相；不滅癡愛，起於明脫。」──〈弟子品〉第三

這一段是談自心清淨之後的人，應該如何。「婬怒癡」就是貪欲、瞋恚，以及愚癡。通常稱為三毒，是煩惱的總稱，是痛苦的原因，故也即是「我」的執著、自我的表現。

一個菩薩要在世間度眾生，必須跟眾生處在一起，不能表現出自我的清高而自外於眾生，否則大家會不敢接近他。因此，菩薩在眾生中，是表現得與眾生類同的，也有一些些貪欲、瞋恚和一些奇怪的思想，所以一般人都能認同他。但是，就因他是一位菩薩，因此雖有一些婬怒癡之習性，卻能不受役於這些習性，不為其所困擾。

「不壞於身」的「身」，指的是我們的肉身，又稱色身，又叫父母所生身。有身體就會有問題：肚子會餓，需要吃；口會渴，需要喝；吃喝之後需要上洗手間。凡夫以身為自我，有身就有煩惱，就有不淨，就不自由。

有一次有一位西藏活佛來臺出席會議，有人看到他也到洗手間去，就質疑：活佛怎麼也上廁所呀？這意思好像活佛就應該像供在佛桌上的佛像一樣，不吃、不喝、不睡、不上洗手間的。不過，既然活佛也有人的身體，他就不能沒有人身當有的現象。

不過解脫了的佛菩薩，雖然也有身體所衍生的問題，但其內心，不會執著這個身體是我的，也不會由於這個身體而起貪、瞋、嫉妒及驕傲等煩惱，而能把這個身體和身體所處的外在環境，以及環境中的一切事物，都視為是一體，這叫作「同體大悲」。他們體驗到自己的身體並不屬於個人，是屬於一切眾生，因此應為一切眾生而奉獻，去做能做、應做的一切有益眾生的事。從相反的角度看，眾生的身體亦等於是自己的，若有一位眾生害病，就等於是自己害病。因為自己身和眾生身，一體無二，所以眾生的身體，也等於是自己的，這叫作「不壞於身，而隨一相」。

「隨一相」有兩類：一是「同一相」，即剛剛所說的，我的身體是大家的，大家的身體也等於是我的；二是更高一層的，叫「異一相」。同一相是有相的，有自我的身體，也有他人的身體；而異一相就沒有特定的形相，是涵蓋一切物質現象而超越一切物質現象。而此「一相」即《金剛經》裡所講的無相，也是《金剛經》與《法華經》所說的實相。

「不滅癡愛，起於明脫」，「癡愛」是什麼？癡是愚癡、是無明，愛是愛欲。愚癡障智慧，愛欲生煩惱，其根本源自無明，而生死的苦報則從愛欲而來。我們人間因有「愛」才有「取捨」，有「取捨」才造種種業，受種種報。

做為一位菩薩，因心地清淨，雖然處身在愛欲的環境之中，但是能夠覺察、明白，愛欲乃眾苦之因，既已清淨自心，即不受癡、愛所惑，故常能夠自在解脫。

優波離白佛言：「世尊。我不堪任詣彼問疾，所以者何？憶念昔者，有二比丘犯律行，以為恥，不敢問佛，來問我言：『唯！優波離，我等犯律，誠以為恥，不敢問佛，願解疑悔，得免斯咎。』我即為其如法解說。時維摩詰來謂我言：『唯！優波離，無重增此二比丘罪，當直除滅，勿擾其心。所以者何？彼罪性不在內、不在外、不在中間，如佛所說：心垢故眾生垢，心淨故眾生淨。心亦不在內、不在外、不在中間。如其心然，罪垢亦然，諸法亦然不出於如。如優波離，以心相得解脫時，寧有垢不。』我言：『不也。』維摩詰言：『一切眾生，心相無垢，亦復如是。唯優波離，妄想是垢，無妄想是淨；顛倒是垢，無顛倒是淨；取我是垢，不取我是淨。』」〈弟子品〉第三

這是一段故事，旨在說明應向內心做工夫。心中清淨，就不算是犯戒，也不可能犯戒，即使犯了戒，若能清淨其心，也沒有罪。犯戒之罪存於心，若心清淨，犯戒之罪也就不存在了。故事內容則是談到有二位比丘犯了戒，他們覺得非常羞恥，也不敢去向釋迦牟尼佛請示，只好向釋迦牟尼佛十大弟子之中持戒（律）第一的大律師——優波離尊者請教，要求優波離為他們照著戒律的開遮持犯，說明他們應如何悔罪。

罪有二種：一為戒罪，一為性罪。戒罪是凡受了戒的人，犯戒就有罪，但是如果如法懺悔，戒罪便可消除。所謂如法懺悔，如果是自我自心反省的懺悔叫「責心懺」；如果對另外某個清淨比丘懺悔，稱為「對首懺」；如果是向一個會議形式的

僧團來懺悔，名為「作法懺」。懺悔之後，戒罪就消除了，可是戒罪消了，性罪還是存在的。

性罪是指造惡業的本性，就是有罪，不論受不受戒，都得受報。例如一個受了戒的人殺了人，是犯了戒，名為戒罪，但其殺人的行為本身就有性罪，戒罪加性罪，都要受果報。如果犯了戒，既不知慚愧，又不知如法懺悔，只好受報去了，這是很可怕的事。

此處《維摩經》裡講的除罪方法，就不太一樣了，維摩詰菩薩向優波離說：「唉！你就不要再增加那兩位比丘的罪過了，你應該直接讓他們的心清淨，他們的罪就除掉了。」為什麼呢？因為罪的性質不在心內，也不在心外，也不在中間。心外的意思是對人犯戒、對環境擾亂的犯行，心內則是自我產生煩惱、困擾。事實上，罪性是既不在心內，也不在心外，更不在心內、心外的中間的。因為罪性本空由心造，心若清淨罪亦除。眾生心有煩惱垢，眾生心中即有犯戒作惡之罪，一旦眾生心垢除，煩惱垢亦除，故說「心垢故眾生垢，心淨故眾生淨」。因為佛說，心中有不清淨的煩惱出現，這個眾生就是有罪業的；如果心已清淨，那麼這個眾生本身就是清淨的。這是因為心與罪性一樣，是不在身內、不在身外、也不在內外的中間；罪性也與心相同，不在內外中間。

「不出於如」的「如」，是不垢不淨，本來如此的意思。《心經》中所說的「不生不滅、不垢不淨、不增不減」，既不這樣，又不那樣，就是「如」。「一切眾生，心相無垢，……妄想是垢」，眾生因有妄想，所以就有犯罪的罪惡感，如果沒有妄想，心就清淨了。所以犯戒的人，用不著太煩惱，只要趕快把心中的煩惱處理掉，讓心清淨就沒事了，這是根本的辦法。

「顛倒是垢，無顛倒是淨」，顛倒的意思是指常、樂、我、淨。如果把我們的身心世界當成是永恆的，認為那是快樂的，其中是有我的，並認為那是清淨的，那就顛倒了。應該是要看到無常、苦、無我、不淨的真實狀況，才是不顛倒。如果我們能從顛倒變為不顛倒，心中自然是清淨的了。心中有煩惱，都是被「顛倒」所擾亂。《心經》中有「顛倒夢想」的經句，當認為我們所看得到的這個身心世界，是常、樂、我、淨，就是顛倒想，只要有顛倒想，必定會有痛苦，一定不是清淨，反之，則是清淨。

「取我是垢，不取我是淨」，這個「我」分為兩大層次：一個是我們自己身心世界的價值觀；另一個是對自己解脫自在的價值觀。不懂佛法的人，往往對身心世界是那麼的執著，那是一種「我」；懂得佛法並在修行佛法的人，則認為涅槃成佛是那麼的重要，這又是對另外一種價值的執著，也是「我」，有我即不淨。

我常告訴跟著我修行的人說：「第一要放下自我，第二要放下追求成佛的念頭。」追求成佛是一個很好的目標，但已經進入修行的階段之後，就不要老是執著追求自己的目標，而是要時刻記住，照著方向去努力才是最重要的；不要老盯住目標、成果，須知此刻努力的過程就是目標，當下努力的付出就是結果，也就是要放下最後的追求。

是故，佛法要我們放下的，第一是對我們身心世界的執著心，第二是對佛法成果的追求心。

三、菩薩如何調伏其心

文殊師利言：「居士！有疾菩薩，云何調伏其心？」〈文殊師利問疾品〉第五

「菩薩」有兩類：一類是凡夫菩薩，另一類是聖位菩薩。初地以前的菩薩，都是凡夫；初地以上的菩薩又叫法身大士，就是聖位的菩薩。我們在《維摩經》的〈文殊師利問疾品〉中看到「以一切眾生病，是故我病」，這個我是指維摩詰菩薩；「若一切眾生病滅，則我病滅」，這是維摩詰居士所說。他是一位聖位菩薩，聖人菩薩本身並沒有病，但為度眾生，就要與眾生在一起；為了度眾生，而眾生有病，菩薩也就不能不現病相。沒有病是指放下，什麼都不罣礙的意思。

此處所說的「有疾菩薩」，指的是凡夫菩薩。凡夫發了菩提心，希望將來要成佛，就成為初發心的菩薩了。不過很重要的一點是，發心之後，務必要受菩薩戒。

菩薩如何「調伏其心」？這與《金剛經》所講的「降伏其心」，是同樣的意思。依據《維摩經》所說，則有如下的一段經文：

維摩詰言：「有疾菩薩，應作是念：今我此病，皆從前世妄想顛倒諸煩惱生，無有實法，誰受病者！所以者何？四大合故，假名為身；四大無主，身亦無我。又此病起，皆由著我，是故於我，不應生著。既知病本，即除我想及眾生想，當起法想。應作是念：但以眾法，合成此身，起唯法起，滅唯法滅。……設身有苦，念惡趣眾生，起大悲心；我既調伏，亦當調伏一切眾生。但除其病，而不除法；為斷病本，而教導之。何謂病本？謂有攀緣，從有攀緣，則為病本。」〈文殊師利問疾品〉第五

這段經文，介紹維摩詰居士回答文殊師利菩薩的問話而說：菩薩有病沒有關係，只要做這樣的觀想——我現在的病，是因為過去世我有妄想的煩惱心，起顛倒想，而以無常為常、以無我為我、以不淨為淨、以苦為樂，故生煩惱。事實上病無實法，人以四大為身，四大無主，身也非我，著四大為我即生病，若不執我，即無病法，因此可知，並沒有真正的病根，亦無無法治療的病法存在。既然沒有不變的、永遠的、實在的病「法」，又有誰是真正的害病者呢？

「四大無主，身亦無我」，是說身體是由地、水、火、風的四大元素所組成，身體中的地大、水大、火大、風大等各個元素，剎那不停地在新陳代謝，並沒有一個實質不變的自我存在，身體裡沒有「我」，「身」當然就不是我。若能明白了四大合成的肉身之中，並沒有一個固定的主人，此身自然不是我，既然無我，即是解

脫，也就沒有病法這樣東西了。

既知「病本」，是因執四大為「我」，就要除「我想」，也要除「眾生想」。「我想」是主觀的我，「眾生想」是客觀的我。《金剛經》裡說到「無我相、無人相、無眾生相、無壽者相」的四相。事實上我相是主觀的自己，人相、眾生相是客觀的自己。很多人認為這是我、這是你、那是他，其實講的都是我，因為有「我」，才會看到你，見到他。所以可以這麼說，因為有主觀的「我」，而知有客觀的單數你、他，和複數的眾生，因此，人及眾生，實為客觀的我，那是「我」的一部分。如果不起我想，也不起眾生想，那就主觀及客觀的我，都不存在，就是「無我」了。

「當起法想」的「法」字有三種意思：一種是現象，稱為事法界；另一種可以稱它為本體，名為理法界；第三種佛說的法義，稱為達摩。此處的「法」字，是幻起幻滅的事法，即是諸法的現象，即是心理現象、物理現象、生理現象和社會現象等等，也即是因緣生、因緣滅的因緣法，無差別相，也非統一相，而是非法非非法。那是說，不能叫作法，也不能叫作不是法。這便是從現象法而體達無著、無我的實相法。這也是教人從現實的病苦，直觀諸法實相，即可無病。所以「應作是念：但以眾法，合成此身」即證實相、中道、無相而又無不相的不二法門。

至於「起唯法起，滅唯法滅」的兩句話，不是法有我無，而是暫有暫無，即有即無；身非常法，身病亦非常法，既是幻有，便不是真病。

以上所說的是觀照自身無我，「設身有苦，念惡趣眾生，起大悲心」，此三句是觀眾生受苦，起慈悲心。比起惡趣眾生所受之苦，自身所受者，便不能算苦了。當身體有了苦難的時候，很多人就會祈求救苦、救難、廣大靈感觀世音菩薩來救苦救難，這樣並沒有錯。但在《維摩經》裡，是希望我們要學觀世音菩薩，當自己有苦難臨身，要念惡趣眾生所受眾苦，願做救濟，願代其苦，則自身的苦感，隨即消失。所謂「惡趣」指的是地獄、餓鬼、傍生，他們的痛苦，尤其是地獄之苦，比我們苦得太多，我們再苦，還有間息的時段，無間地獄的眾生，是處處苦、時時苦，乃至不容有其他的念頭，只是連連不斷地受苦。

由此可知我們所受的身苦，其實不足為苦。我們只要有些飢餓感便很難受，餓鬼道的眾生，卻是永遠處在飢餓狀態，而且什麼東西都無法下嚥。永遠餓火中燒，飲食入咽喉即起火，故稱「焰口」。傍生的下等動物，生命脆弱，弱者肉強者食，根本沒有安全的保障，與之相比，人身所受之苦，亦不足為苦。當我們生起大悲心時，即會忘卻自身之苦。菩薩恆常慈悲眾生，所以是無苦無難又是救苦救難的大解脫者。

所以當自己遇到苦難時，不只祈求觀世音菩薩，更要想到自己身體的苦是小事情，還有更多苦難的眾生比我們更苦，應想辦法幫助他們，使他們得到救濟。一個人能忍苦耐勞，是因為有責任感、使命感，以及助人之心；因此不論年紀多大，都還能繼續努力奉獻。身體有病的人，為了助人的心願，也依然可以幫助他人；甚至還有重病的人，居然能夠幫助輕病的人。

「我既調伏，亦當調伏一切眾生」，這是說，當你自身的困難調伏之後，也應該幫助其他的一切眾生，去調伏他們的身心。

「但除其病，而不除法」，這句話是說，我們的煩惱病、我執病，應該要放下除去，但是因緣法、因果法、我們的身體，卻不必放下除去。從眾生的立場說，法身要借色身修，是故佛說人身難得。從菩薩的立場而言，為度眾生，為成正覺，仍須色身，借假修真。真正的菩薩是不會為環境中的苦難所困擾的，自己在這世界中受苦受難，所以能為眾生救苦救難。

什麼是「病」的根「本」呢？是攀緣。也就是凡夫經常心隨境轉，凡夫的心受環境裡的人、事、物所影響、牽連、困擾，稱為「攀緣」，那就會有病產生。如能做到心如止水，又如明鏡，而且有求必應，則是除病不除法，也就是心靈環保的最高境界。

「雖攝一切眾生而不愛著，是菩薩行；雖樂遠離而不依身心盡，是菩薩行。」〈文殊師利問疾品〉第五

這兩句話是說，成就了眾生，心中應無所罣礙，不再放在心上。正因為要度眾生，雖喜遠離煩惱的塵囂，仍不捨此幻化的身心；做過的功德、度過的眾生、成就了的事，雖有記憶，但不能有愛戀、貪戀、捨不得的存心，也就是有成就之實，而無成就的執著。如能攝一切眾生而不愛著，對得失現象的發生，心裡也不易產生任何的芥蒂。當門庭如車水馬龍時，不會得意神氣，當門可羅雀時，亦不會感到寂寞倒楣。

「雖樂遠離而不依身心盡」，這句話其實就是《心經》裡的「無無明，亦無無明盡，乃至無老死，亦無老死盡」的意思。老死是身的老死，無明則是心的無明。

也就是說，對於身體的生死不放在心上，但還在生死中度眾生。自己心中已無煩惱無明，但是仍在煩惱無明的眾生群中，普度眾生。

「夫求法者，不著佛求，不著法求，不著眾求。……法名無染，若染於法，乃至涅槃，是則染著，非求法也。」〈不思議品〉第六

今天的聽眾都是求法的菩薩，所以才來聽講佛法。可是聽佛法的人有兩類：1.是希望聽到佛法的道理、觀念、方法，然後回去寫書或轉告給他人。這樣好不好呢？很好，《法華經》以及一切所有經典，都鼓勵我們聽了法，乃至一句、一偈告訴他人，都有無量功德。2.是如此處，《維摩經》告訴我們的，求法的人和說法的人，應該不要以為有佛可求、有法可求、有僧眾可求。初機學佛的人，求佛加持、求法修道、求僧傳法；希望從僧學法，由修學佛法而成就佛道。這都是有執著而求三寶，也是正信學佛的正常心態。但是，如已到了心無罣礙的程度，心中無物，心外無相，自心清淨，心性本空，執著世間浮利虛名，身外之事物，固然是錯，縱然是佛教的根本，佛、法、僧三寶，也執著不得。正如臨濟義玄禪師云：「真佛無

形，真法無相，……設求得者，皆是野狐精魅。」又云：「如真學道人，並不取佛，不取菩薩羅漢。」甚至於說：「求佛求法，即是造地獄業。」其語重而心長，目的是為參禪求道的人去滯除縛。

「法名無染」的「法」字，指的是超越於世間有漏之我相的究竟法。例如《增一阿含經》第二卷〈廣演品〉有云：「夫正法者，於欲至無欲，離諸結縛、諸蓋之病。」又於《分別功德論》第二卷云：「法者，謂無漏法、無欲法、道法、無為法也。」本來，依據一般經論的解釋，「法」是梵文 dharma（達摩）意譯，有二義：1.「任持自性」，各有其自相與特性；2.「軌生物解」，各有軌範而生物解。那是對法相之法，所做的界定。此處《維摩經》的「法」義，是指無我、無相、無住、無著的大般若、大菩提、大涅槃的究竟心法。所以是「無染」無著，而又不落有無的。

「若染於法」的「染」字，是指執著有法可求，而被法的觀念所「染」著困擾，則反受其害。如認為真的有法可求可得，縱然求的是清淨寂靜的「涅槃」，也會由於心有所執而成為「染」法，那就不是尋「求」正「法」的人了。

心靈環保的著手工夫，是從待人接物、日常生活的起心動念處隨時做起；心靈環保的過程，是從自私自利的自我身心觀照漸漸淨化，而至於無病無我的境界；心靈環保的最高層次，是從有法可求至於無求無染而又精進化世的佛的境界。

（一九九四年二月十四日講於臺北市國父紀念館，由蘇麗美居士整理錄音帶，聖嚴法師親自修訂補充成稿於一九九四年六月二十六日美國紐約東初禪寺）

第五講 《維摩經》與慈悲喜捨

一、以四無量心布施

第五講的講題是「《維摩經》與慈悲喜捨」，實際上就是講《維摩經》中的布施思想。然如僅講布施，其範圍很狹小，若以慈悲喜捨，配合著講，就會相當深廣，而且能把「布施」解釋得非常深刻。

本來，慈悲喜捨，稱為四無量心，又名四等心，又名四梵行。是十二門禪中的四禪：1.慈無量心能與樂。2.悲無量心能拔苦。3.喜無量心見人離苦得樂而生喜悅。4.捨無量心即捨如上之心不好執著，又能怨親平等，捨怨親想。

以此四心普利無量眾生，能引無量福德，故名無量。平等利益一切眾生，故名四等心。此四心依四禪而修，修之得生梵天，如三果聖人，故云四梵行。一般凡夫，只能修布施生欲界天，若修四無量心，則能近於解脫，得生色界第四禪的五淨居天，以能捨故，做無相布施。

一般人講布施多著重物質上的行善，而佛法講的布施，範圍相當廣大，慈悲喜捨四個字，都在布施的範圍內。重要的是在布施之後，自己不但要把布施一事忘掉，也不去想布施的原因或布施的對象，即布施之事以及布施的心，全都要放下來，這才是真正的布施。

有「慈悲」才會布施，而布施不著相，就是「喜捨」。

「毀譽不動如須彌，於善不善等以慈，心行平等如虛空。」〈佛國品〉第一

「毀」是詆毀、誹謗、侮辱，「譽」是讚歎、讚譽、榮譽。許多人都會有榮、辱兩種不同的遭遇，而心裡不可能不動；但做為一個修行佛法的菩薩行者，對於或毀或譽是不會計較的。如是為了眾生得利益，就算自己得下地獄，也不會在乎。為了眾生得利益之作為，也可能讓人讚歎，那是他人之事，與自己無關。例如去年（一九九三）一年我得到三個全國性的大獎，有人問我得獎之感想，我答以「淡而

無味」。

雖然我這個受獎人，對有獎、無獎，了無差別，可是我的弟子們以及認同、贊成並協助我們的人，則感覺非常有意義。因此，得獎和頒獎，還是件很有意義的事，也是值得讚歎和鼓勵的好事。

毀、譽對我而言，不必放在心上，可是給了我的獎勵，我應該說：「謝謝鼓勵！」而我也受之無愧。因為這是經過非常慎重地評審之後，所做的選擇；如果我說受之有愧，就像在說他們頒獎頒錯了人，那就對不起頒獎的單位和團體了。

如果我的心裡，因得獎而覺得飄飄然，自認了不起，那就錯了，這不是一個法師應有的心態。然而我是否真的心無所動？也還沒到這個程度，我還是有一點點的喜悅之感。喜悅什麼呢？喜悅行善還是有許多人讚歎鼓勵的，表示我們這個社會、這個人間，還是有希望得救的，我當為此感到歡喜。

「不動如須彌」指的是心的情況非常穩定，像一座大山那樣地持久、穩定。「須彌」是佛經傳說中的一座大山，它是世界的中心，山頂與天相連，山腳是整個世界的基礎，所以須彌山如天之長、如地之久，是永恆不動的，日月地球的天體世界，則是繞著須彌山而運行。這句話是形容一個修行菩薩道的人，心要安定得像須彌山一樣，才算工夫，也就是「利衰毀譽稱譏苦樂」等八風吹不動的工夫。

「於善不善等以慈」，對於行善的眾生，固然要關懷他們，至於行惡的眾生，亦應同樣給予關懷。「慈」以現在的名詞解釋就是無條件的關懷，關懷不應有親疏遠近之分，應該怨親平等。例如在監獄中的受刑人，雖曾做過壞事，卻是需要我們用佛法去關懷。

「心行平等如虛空」，是說依我們的慈悲心，產生了慈悲的行為，平等幫助了許許多多的人，但是心中無罣無礙，沒有一點自認為做了好事的痕跡和想法。「心行平等」也是直心之意，直心行道，就是心行平等，普遍平等地對待一切眾生，而行一切布施，布施之後，心中了無一物。這是真正的慈悲喜捨四無量心。

四無量心，事實上就是用四種大平等心、大智慧心、大慈悲心，平等對待一切眾生，行大布施。也就是今天的講題。如前所說，四無量心是配合四禪所修的梵行，但也正是大菩提心的內容，成等正覺的基礎。因為「無量」即是大，若能修成大慈、大悲、大喜、大捨，就是大雄大力的佛陀了。

「四無量心是菩薩淨土，菩薩成佛時，成就慈悲喜捨眾生，來生其

國。」〈佛國品〉第一

如果我們希望人間淨土在我們面前出現，只要自己能夠練習著修行四無量心，我們的面前及周圍環境就是佛國淨土。如果能夠恆常修持四無量心，在成佛時，周遭將都是修行四無量心的眾生，生到我們的國土中來。以此標準看，說是容易，但也十分困難。

因為我們一念清淨，一念即見淨土，十念清淨，十念即是淨土，念念清淨，念念皆生淨土。只要一念與佛的慈悲喜捨心相應，我們眼前所處的世界即佛國淨土，此時所見之眾生，將都是修四無量心之眾生。這是修行者自心世界的經驗，只要修行，就可兌現，故說容易。若待以修持功德願力，以修行四無量心而成就了佛國淨土，來利益眾生，那是果位上事，相當地難。

諸位不妨試試容易的一種，你自己修持四無量心，將會發現你四周，也或多或少有人在修此法。反之如果你的慈悲喜捨之心生不起來，一則不易成就佛國淨土，二則即使佛在面前，亦見不到佛。

時維摩詰來謂我（大迦葉）言：「唯大迦葉！有慈悲心而不能普，捨豪富，從貧乞，迦葉！住平等法，應次行乞食。」〈弟子品〉第三

此段是《維摩經》介紹世尊十大弟子中頭陀第一的摩訶迦葉尊者。他已經證得阿羅漢果，但他認為貧窮的人已經很苦，如再不布施，以後將更沒有福報，會更貧窮，所以他慈悲可憐那些窮人，當他托缽乞食之時，捨富人之家而專向窮人化緣，好讓他們種植福田，將來得大福報。

這樣的存心，看似對的，實則也是不平等心。如果今天臺灣的窮人很多，吃不飽、穿不暖，還可能來國父紀念館聽聖嚴法師講慈悲喜捨嗎？今天在座的菩薩們應該都是豐衣足食，至少是衣食無慮、小康以上的生活水準。那麼摩訶迦葉尊者如到今天的臺灣，可能就要跟諸位結不上善緣了。

「慈悲」乞化，可有三個等級：1. 一般人認為窮人已經很苦了，再去向他們募化，實在於心不忍，因此應向富人募化才對。2. 如摩訶迦葉尊者，乞貧不乞富。3. 像維摩詰居士，認為應當平等攝化，不論貧富貴賤，凡有緣者，次第乞食。

布施行，是不以多少及貧富而論功德，誠心誠意、全心全力而行布施，便是大

功德；如果是敷衍勉強的布施，雖然都有功德，到底不如虔誠恭敬的功德更大。此處說的平等法，是站在乞化人的立場而言。我們需要勸人布施時，不管對方是以何種態度來布施、布施多少，我們都應不起分別，以全心為他祝福，這就叫作「住平等法」。從佛法的觀點而言，布施是雙向的，在家人以財物布施給出家的僧團，出家的僧團則以佛法布施給在家的信眾。縱然有些出家僧眾不能說法，總還能為施主全心祝福，也算是一種喜捨布施，也是一種慈悲的心行。

「心不住內亦不在外，是為宴坐，……不斷煩惱而入涅槃，是為宴坐。」〈弟子品〉第三

「心不住內亦不在外」，即是捨除心的執著；宴坐是單獨一個人打坐、靜坐之意，乃是捨了世務的執著。常人坐禪要在靜處打坐，是為避免塵囂，維摩詰則說只要心不住身內也不住身外，捨離一切攀緣境界，便是禪坐。

「不斷煩惱而入涅槃，是為宴坐」，常人宴坐的目的，是為獲得智慧而斷煩惱，了生死而入涅槃。維摩詰則說，入涅槃者未必要斷煩惱，能入涅槃者，即是宴

坐禪修。大乘的菩薩由於慈悲心重，雖從生死獲得解脫，仍要留惑潤生；菩薩以慈悲心，現煩惱相，讓眾生信賴他、親近他，以方便度化，這也是菩薩度眾生四種攝化方法之一，叫作「同事攝」。

菩薩雖現煩惱相，但內心是不執生死也不執涅槃的。涅槃是寂靜、寂滅之意，寂是不動，滅是不存在。心裡的煩惱已不動、不存在，故也不必蓄意要斷煩惱，就是涅槃了。

雖現煩惱相，又不蓄意要斷煩惱，又沒有煩惱心，在凡夫的階段雖是做不到的，但亦不妨學習學習。當我們有煩惱時，就要想到這煩惱是可以寂滅的，所以在煩惱起來時，不要對自己太失望而沒有信心。當告訴自己，現在雖有煩惱，只要心不受環境影響動搖，煩惱自然消失。若能如此練習，則我們在任何場合，都可說是在練習打坐、入定，這也是在做捨心和捨身的布施行。只要遇到讓你心動身動的情況時，堅持不管它，也算是能夠捨得了。

這句經句中，還有一層意思是說：不斷煩惱而度眾生，但是煩惱並不存在，也沒有眾生得度。一旦到達這個程度，也是慈悲喜捨，是大布施。

時維摩詰來謂我（阿那律）言：「唯阿那律！天眼所見，為作相耶？無作相耶？假使作相，則與外道五通等，若無作相，即是無為，不應有見。……有佛世尊，得真天眼，常在三昧，悉見諸佛國，不以二相。」

〈弟子品〉第三

阿那律是釋迦牟尼佛十大弟子中的天眼第一，天眼可以看到肉眼見不到之事物，可看到最遠、最近、最大、最小之事物，肉眼則太近、太遠、太大、太小、太粗、太細均看不到；天眼可以無遠弗屆，且無微不至；天眼又能預先見到將來要發生的事態。到了這種程度，究竟有否看到東西呢？如果執著所看到的都是真實不虛的話，那就跟外道的五通仙人相同了。

凡夫外道，也可能有五種神通：天眼通、天耳通、神足通、他心通、宿命通。這些由以自我為中心的「我」所發出的特異功能，非一般人的感官所能發生，在外道稱之為五通。天、鬼、神，都可有或大或小的五通，天及鬼皆是以果報而得神通，人類則有修得及報得的兩種。

羅漢已得解脫，已斷生死煩惱，有的得六通（即是五通加漏盡通），有的雖已證無漏果位，卻未必發起神通。外道的神通，皆是有我有相的，所以雖有神通，並未解脫。羅漢的神通是無相無我的，故已解脫，如果有我相、人相、眾生相；有身相、心相、物相，均為有相，是執著，不是真正的佛法。

如果是「無作相」，即是無為相，那就是有相等於無相，無作相是不做善惡無記等有漏業相的。既是無相，就不用肉眼，亦不用天眼了，此即是捨了諸有相及無相。

阿那律已經是阿羅漢，因此他的天眼應不是有相的；如果還執著有相，就不是阿羅漢了。可是天眼所見，怎能說是無相呢？所以阿那律不知如何回答維摩詰居士。

因此維摩詰居士則告訴阿那律：「有佛世尊，得真天眼。」阿羅漢所得，叫天眼明，非天眼通。諸位有否聽過「三明六通」的名詞，是阿羅漢得。所謂三明，即是天眼明、宿命明、漏盡明。而佛的天眼，又高於阿羅漢，是究竟的天眼，故名「真天眼」。天眼、漏盡、宿命，在阿羅漢稱三明，在佛謂三達。

佛也用不到著意使用天眼，佛經常生活在定慧不二的三昧境界，故也不須使用天眼，就能見到一切諸佛的國土，因為諸佛國土之間，非一相非異相，乃是「不以」相對的「二相」來看諸佛國土的一切現象。示意阿那律，當捨天眼的功能，亦捨天眼所見相，才能體會佛的真天眼真智慧是什麼境界。

「真天眼」是常在三昧，悉見諸佛國，不以二相。佛經中說：「如來常在定，無有不定時。」這是非常微妙的，佛沒有一個時間不在定中，雖然處處應化、處處度眾生，他仍常在三昧中。三昧是定慧相融而得悲智雙運的功能。既是「三昧」，一定是不動的、無相的、寂靜的，但是佛的心中無物，所以不為所動，佛的智慧如海，慈悲如父，所以能見一切諸佛國土，能度一切眾生。

以釋迦牟尼為例，他從這個娑婆世界可以看到十方世界的一切諸佛國土，所有一切十方諸佛都在他們的國土上說法度眾生，雖見諸佛國土，此土與彼土不以二相分別。

「二相」的意思是分別相。不以二相，是說一切諸佛國土等於一佛國土，一切諸佛等於一佛。為什麼？佛佛平等，佛土平等。諸佛的法身遍虛空、等法界。一尊佛如此，尊尊佛均是如此，每一尊佛各以其願力形成諸佛淨土，但每一尊佛的法身遍於一切國土，其功德亦遍於一切虛空。因此，雖見一切諸佛國土，心中無差別相，如見一佛國土。

好比說，今天有二千五百位聽眾菩薩在此聽法，我是看著、對著每一位聽眾來講，而在我心中應該是視同只有一個聽眾，把諸位菩薩當成是一尊菩薩來講《維摩經》。否則每講一句一段，要看看二千五百位聽眾每一位的反應，這場演講就很難講得下去了。所以我演講時，無論多少人聽，都把他們當作是一個人。

「不以二相」，實際上就是無定相亦無異相，也就是「捨」相。慈悲布施的人一定要做大布施、全心布施、無限布施，不能有一定的對象，心中若有特定的對象，這一定是有限的有相布施。

此段是以佛的真天眼來做慈悲喜捨的說明，阿羅漢的天眼，尚無法達到這樣的境界，我們雖不是佛，也不是阿羅漢，但不妨試著去學習、練習。

二、四無量心的意涵

文殊師利言：「若菩薩作是觀者，云何行慈？」維摩詰言：「菩薩作是觀已自念，我當為眾生，說如斯法，是即真實慈也。」……文殊師利又問：「何謂為悲？」（維摩詰）答曰：「菩薩所作功德，皆與一切眾生

共之。」〈觀眾生品〉第七

慈與悲兩字，在佛教聖典裡是可合可分的，經常卻是合起來用的。梵文的慈與悲是兩個不同的字，但也可以結合在一起用的。例如《大智度論》卷二十七云：「大慈與一切眾生樂，大悲拔一切眾生苦。」

又在《大智度論》卷二十及《地持論》與《涅槃經》說，慈悲有三種：1.眾生緣慈悲，以一慈悲心，等視十方一切眾生，如父母兄弟等的親人。2.法緣慈悲，此乃三乘聖人境界，既斷煩惱，已無我相及一異相，故欲一心拔濟眾生隨順其意拔苦與樂。3.無緣慈悲，此唯佛的境界，諸佛不住有為，不住無為，不住過去現在未來，故無所緣境界，但以眾生不知諸法實相，受煩惱苦，佛則不為什麼而讓眾生自然獲得拔苦與樂的利益。

初發心的菩薩，能做到第一階段的眾生緣慈悲，已經很好。若見有眾生因飢餓苦，則給予食物，令其飽足解決飢餓之苦而生歡喜，其動機及發心既是慈亦是悲，但這布施的行為則是屬於悲行。我們常聽說，菩薩發大「悲」願，就是因不忍心見眾生受苦受難，而欲予救拔，令其離苦得樂。如僅係心中發了悲願，卻還沒有行為表現出來，也有用。雖沒有辦法馬上兌現，既然發了悲願，終有一天能夠做到。

《維摩經》所說的「真實慈」，是第三階段的無緣慈悲。所以該經要說：「行寂滅慈，無所生故；行不熱慈，無煩惱故……。」一共舉出了二十九個項目，來說明真實慈的內容。

如果不發悲願，等於沒有度眾生的意願，也就不太可能會盡自己的一切能力去學習、充實、成長，進而幫助他人，所以悲願可說是對一切眾生的承諾。

《維摩經》說的：「何謂為悲？」就是將自己所修的一切功德，布施給一切的眾生。通常稱為迴向，可以解釋為把自己的功德分享給眾生。功德可分為兩類：1.有漏功德，2.無漏功德。

做有漏功德，就像是投資，希望回收，做了好事想享福報，就像是一邊賺錢，一邊花錢；一邊存錢，一邊提錢，那麼所能擁有的錢將是有限的，永遠無法圓滿。也像一隻杯底、杯身、杯緣有裂縫、有洞孔、有缺口的茶杯，倒進去的水終究會流出，永遠裝不滿。

有漏功德雖像有漏洞的茶杯，水會不斷流走無法裝滿，但是做功德是很好的事，即使是有漏功德還是要做，也要鼓勵人多做，這對社會是有益的。多做有漏功德可以得到人天福報，在人間是富貴中人，在天上可享天福。

無漏功德，則與有漏相反，例如持戒布施而離我執，不求回饋。無漏的意思就像一隻完整的茶杯，杯底沒有洞，杯身亦無裂縫，倒進去的水，有多少裝多少，直至裝滿為止。

今天晚上我講經的功德很大，說不定將來你們比我早成佛，如果我要你們記得我曾經為你們講過經，屆時不要忘了來度我。這樣想當然沒有錯，可是一旦有所期待，希望有所回饋，就屬於有漏功德。然而如果你們成佛之後，抱持反正我是做無漏功德，不思回報，所以就不理睬我了，那也不對！

最近有好多位居士來見我，請我幫他們的忙，其中一位居士，遇到困難已經好幾個月了，我告訴他：「念觀世音菩薩或〈準提神咒〉，一定會有感應，改善困境，甚至解除困難。」他問我：「為了自己的困難而念佛持咒，不是有為嗎？不是有漏嗎？」我說：「難道因為那是有漏的就不做了嗎？」我要他持〈準提神咒〉二十萬遍，念觀世音菩薩聖號一百萬遍，教他心裡想著：「雖然現在自己有困難，但是還有更多的眾生處在比我更大的困境中，但願那些眾生都能解除困境。」結果他又認為這也很奇怪，而說：「我自己的苦難尚未解除，卻去管別人的苦難。」這真是一個矛盾的人，我只好對他說：「能有漏就有漏，能無漏就無漏，先有漏再無漏吧！」

「何謂為喜？」答曰：「有所饒益，歡喜無悔。」〈觀眾生品〉第七

「喜」的意思在《維摩經》而言，是在利益了眾生之後，不論對方的反應如何，只要對眾生真有益處，定會喜悅，不會後悔。一般人是無法歡喜無悔的，但做為一個菩薩，對上述三種類型的功德都應歡喜。

當我們做了功德，對方有所回饋時，我們心裡應作如是想：「這個人得到我的幫助能夠感恩圖報，真是有善根，是一位知恩報恩的菩薩。」佛教本是個報恩主義的宗教，當然要為此人心生歡喜。

如果碰到沒有回報的情況，又如何呢？應想：「對方得到利益，可能現在沒有能力回報，也許將來有一天，他會懂得把他自己的所能及所有，去協助他人。」播種的人，其目的不是為自己，收成之後，能供給其他眾生，就值得歡喜了。

如果遇到恩將仇報的情況，又如何歡喜得起來呢？我們要想，這個人接受我的

幫助反而來害我一下，這是要成就我的忍辱心、精進心、不動心，是要成就我的無我、無漏、無相的心，是要成就我的大慈悲心，所以這是大菩薩的化現，既然是遇到了大菩薩，怎麼會不歡喜呢？

若能作如是觀想，我們隨時，都能心生歡喜而無後悔之心了。

「何謂為捨？」答曰：「所作福祐，無所悕望。」〈觀眾生品〉第七

「福祐」是造福給他人，修「福」而不希望成果，即是「捨」。福有兩種：一是有漏的福，二是無漏的福。所謂有漏的福德，是指「善有善報」、「種瓜得瓜」、「養兒防老」、「積穀防饑」，都是屬於有所希望的，修了有漏的福，能夠得到人間天上的福報。

一般人都是生活在希望之中，沒有了希望，就活不下去，也不會有進步。「希望」是對的、是好的，有希望可能是有漏福，但也並非一定是有漏福，端視該希望是為了自私還是為了慈悲；自私為己是有漏，慈悲為眾生是無漏。因此，「希望」與悲願的意義是相同的，發願、盼望、祈禱，都是一種希望，希望令一切眾生得利

益，就是悲願。

從希望家人得利益，再漸次擴及團體、地域、社會、國家，乃至我們生存的世界及所有的人類，最終為十方一切眾生，都得利益。地藏菩薩所說「眾生有盡，我願無窮」，就是一個大希望，也是一種大悲願。

凡不是自私自利地為個人，而是為一切眾生去追求、去努力者，在《維摩經》中不名為「希望」，而名為「捨」，故無所希望而廣作福德，才是最大的功德，也才是無漏的福報。

在經文中所記載的天女散花：

「華至諸菩薩，即皆墮落，至大弟子，便著不墮。……觀諸菩薩，華不著者，已斷一切分別想故。譬如人畏時，非人得其便。如是，弟子畏生死故，色、聲、香、味、觸，得其便也。已離畏者，一切五欲無能為也。結習未盡，華著身耳；結習盡者，華不著也。」〈觀眾生品〉第七

《維摩經》的這段經文，描述在維摩詰菩薩的方丈室裡，有一位菩薩化現的

天女，已在那裡有十二年了，此時無量菩薩及阿羅漢，聽維摩詰菩薩說法，這位天女，拿著天花由空中撒下，當撒在菩薩們的身上時，花即掉落於地；但撒到釋迦牟尼佛的阿羅漢諸大弟子們身上時，即黏在身上不掉落了。這些大阿羅漢們見狀，覺得自己頭上、身上都黏滿了花，多難看啊！但是怎麼抖也抖不掉。

因為大菩薩們，都已斷除我執法執，生死涅槃，了無障礙；而羅漢怕生死，希望得涅槃，且不願再到生死煩惱中來度生死煩惱的眾生，這可說是因怕生死而離開生死的。羅漢雖已解脫生死，但對生死的畏懼心仍在，就好像人雖打了霍亂的預防針，而對霍亂的餘悸猶在，避之唯恐不及。菩薩就不一樣了，永遠是不憂不懼，無罣無礙。因菩薩們「已斷一切分別想故」，所以花不著身。

「分別想」即是執著想，斷分別想，即是我法二執皆斷，不將生死涅槃執為二，不將煩惱菩提執為二。羅漢未斷法執，故仍畏懼生死，譬如有人，心中怕鬼，「非人」就會趁虛而入。所謂「非人」是泛指人類以外的八部鬼神、夜叉、惡鬼、幽靈等冥界眾生。《藥師經》亦有「無有非人奪其精氣」之說。《維摩經》此處是用譬喻，有人怕鬼，鬼便上身；羅漢厭花著身，花便著身不墮。

我曾有個經驗，年輕時學騎腳踏車，一邊是田，一邊是河，我害怕腳踏車掉到河裡去，所以人騎在腳踏車上，心裡想著千萬不要掉進河中，結果害怕的事就偏偏發生，這是心裡產生害怕的時候，失去了方向之故。

我小時候住在鄉下，曾親眼目睹青蛙自動爬進蛇的口中。蛇看到青蛙時並不捕捉，只把嘴張開，紅信對著青蛙吐出，青蛙則一邊發抖一邊爬，最後卻爬到蛇的口中去了。所以有人說蛇會念咒，青蛙才會自投蛇吻。其實不是，青蛙是因為怕蛇，怕得魂不守舍，不知所措，連逃都逃不了。

又如發生戰爭時，很多人不是因為打仗而死，而是在逃難途中死亡的。因此有此一說，在戰火密集之處，反倒是最安全的地方，很多老兵都有此體驗。所以在危險的時地，更要沉得住氣，危機即轉機。

此處《維摩經》中的「弟子畏生死」，是指那些阿羅漢大弟子們，他們害怕生死，厭離生死，所以要住於涅槃。殊不知因為對色、聲、香、味、觸等五欲的畏懼，反使得他們易被五欲所困；如果離開對五欲的畏懼，五欲便奈何不了他們了，花既是「色」又是「香」，因為阿羅漢畏色畏香，反被天花黏住不放。

經文「結習未盡，華著身耳；結習盡者，華不著也」，其中的「結」是煩惱的異名，又稱為「使」，為煩惱因而結集生死，故名煩惱為結。例如將我見、戒禁取見、疑，稱為三結，又將貪、瞋、慢、嫉、慳，稱為五結集，皆為煩惱之名，集有縛之意。

我們今日、明日、今年、明年不斷地造業，一念一念地集聚起來，環環相扣，就變成了煩惱的絲，結成煩惱的網，我們就為煩惱所籠罩，不得解脫了。「習」是習氣，諸阿羅漢，已斷煩惱，唯尚未除煩惱的習氣，例如孫陀羅難陀的貪欲習氣、畢陵伽婆蹉的驕慢習氣，最有名了。大乘佛法將妄惑煩惱分作三個層次：1.現行，2.種子，3.習氣。既伏煩惱之現行，又斷煩惱之種子，但尚有煩惱之餘習者，稱為「結習未盡」。

此「結習」阿羅漢全未斷，緣覺部分略斷，初地以上菩薩分分斷，唯佛全斷。「結習」如酒鬼、賭徒、菸槍，在戒除這些壞習慣的十年、二十年後，可能已看不出來，如僅戒除年餘，一看就看得出來，因其酗酒、賭博、抽菸的習氣猶在。

本講稿的重點是「慈悲喜捨」，有真慈悲，必能喜捨，始會以大菩提心，廣度眾生。若無「捨」心，慈悲便難著力，阿羅漢厭生死故，未捨習氣，故執涅槃而不住生死，也不能以大慈悲心，永住世間度脫眾生了。

我們從《維摩經》看到菩薩心行，應當「不離大慈，不捨大悲，深發一切智心

而不忽忘，教化眾生，終不厭倦。」（〈菩薩行品〉第十一）

（一九九四年二月十五日講於臺北市國父紀念館，由蘇麗美居士整理錄音帶，聖嚴法師親自修訂補充，成稿於一九九四年六月二十八日美國紐約東初禪寺）

第六講　《維摩經》與人間淨土

一、人間淨土為心所造

第六講的講題是「《維摩經》與人間淨土」，是從《維摩經》的內容，來談人間淨土。

佛告舍利弗，維摩詰從無動如來的妙喜國來生此土。

「是人乃能捨清淨土，而來樂此多怒害處。」

「雖生不淨佛土，為化眾生故，不與愚闇而共合也，但滅眾生煩惱闇耳。」〈見阿閦佛品〉第十二此段經文是在介紹《維摩經》的主角，維摩詰菩薩是從哪裡來？來做什麼？他是從一個叫無動如來的妙喜國來的，那是一個清淨的佛土，他為了度化我們這個世界的眾生，離開了無動如來妙喜國的淨土，而到我們這個充滿怨怒、彼此傷害，以及許多不善眾生聚居的世界來，這是他的慈悲；他的目的，是要把我們這個不清淨的世界，轉變為清淨的世界。

一般凡夫，由於自信不足，較易逃避多苦多惱的娑婆世界，不是希望依佛力接引到安樂清淨的佛國中去，便是希望即身成就了解脫法門而進入涅槃。只有像維摩詰大菩薩那樣，才願意放棄原有的清淨佛土，倒駕慈航，而生到我們這個五濁惡世中來度眾生，這是多麼地慈悲、多麼地偉大。這是非常積極的入世精神，正是值得我們效法學習的。這個世界雖然非常地不好，卻又是能讓我們修功積德、廣結善緣的好地方。

經文「雖生不淨佛土，為化眾生故，不與愚闇而共合也，但滅眾生煩惱闇耳」，是說我們這個世界的不清淨，不是世界本身不清淨，而是因為眾生有煩惱，方使得世界紛亂；如果眾生心中均無煩惱，那麼這個世界將是個淨土。

所以在眾生立場的體驗，這是釋迦世尊所教化的不淨佛土，為了度化此土的眾生，維摩詰菩薩還是生來此土，但他教化眾生，協助眾生，滅除煩惱，而他本身依舊明智不昧，不跟愚癡合流。其內心不受影響，仍是非常地清淨。「愚闇」是煩惱、愚癡、無明。

菩薩雖在愚癡的世界，他自己則是並不愚癡，因為他是為了幫助愚癡的眾生解除煩惱而來的。此在《維摩經》的〈菩薩品〉裡，有一個「無盡燈」的比喻說：「譬如一燈，燃百千燈，冥者皆明，明終不盡。」無盡燈就是輾轉點亮許多眾生智慧的心燈，用智慧的心燈來照亮愚暗、除滅煩惱、開啟智慧、長養慈悲。

> 爾時螺髻梵王語舍利弗：「……我見釋迦牟尼佛土清淨，譬如自在天宮。」舍利弗言：「我見此土，丘陵、坑坎、荊蕀、沙礫、土石、諸山、穢惡充滿。」螺髻梵王言：「仁者心有高下，不依佛慧故，見此土為不淨耳。舍利弗！菩薩於一切眾生，悉皆平等，深心清淨；依佛智慧，則能見此佛土清淨。」〈佛國品〉第一

前段經文說此釋迦世尊教化的娑婆世界是「不淨佛土」，那是對此土的凡夫

眾生以及小乘的聖者而說，若就菩薩聖者的角度來看，此土亦是清淨佛土。故藉菩薩示現的螺髻梵王之言，此土清淨如色界最上層的大自在天宮。大自在天是三界之主，亦名有頂天，梵語摩醯首羅天，有二類：1.是外道的主神所居，2.是佛教小乘三果聖人所生的淨居摩醯首羅天。

「螺髻梵王」的名字僅在《維摩經》中出現，梵王本是大梵天王的身分，是初禪天之王，住於色界初禪之頂，亦名娑婆世界之主，其名可譯為離欲、清淨、高淨等，略稱大梵王。此處的螺髻梵王，亦是維摩詰丈室中的聽法會眾之一，以示現清淨的梵王身，來證明娑婆世界，即是清淨佛土。在這個集會中有許多的大菩薩和天人，不論顯的什麼身，他們的內心，都已是清淨的菩薩，而且是大菩薩，是斷了煩惱的法身大士。

初地以前的菩薩次第調伏煩惱，稱為賢位菩薩，初地以上的菩薩分分斷除煩惱，稱為法身大士。賢位菩薩以前的人，若不是外道，即是一般的凡夫。當我們開始對佛法產生堅定的信心之後，就成為賢位菩薩；如果信心時而堅定，時而退失大菩提心，即位同外道，仍優於外道，稱為初發心的菩薩。很多人信佛一段時間之後，改信其他宗教，或是信仰並努力修行佛法一段期間後，由於生活或環境的關係而疏離了佛教，他們如果尚願回歸佛法，亦屬於初發心菩薩。多半的人，都是停留在初發心菩薩的階段，進進退退，非常苦惱，也很可惜。

螺髻梵王是位法身大士，他對釋迦世尊十大弟子中智慧第一的舍利弗說：「我見到釋迦世尊的佛土，是清淨的，就像自在天宮一樣。」自在天宮的莊嚴、清淨，非我們的世界所能比擬。《法華經》的〈如來壽量品〉中也說到釋迦牟尼佛的靈山淨土，永遠是安穩清淨而不會毀滅的。只因我們是凡夫，所以看到的是髒亂不淨的。

因為舍利弗未斷法執，有欣有厭，欣涅槃而厭生死，欣清淨而厭不淨，所以舍利弗看到的這個娑婆世界，有丘陵、坑坎、荊蕀、沙礫、土石、諸山等，以及無以計數的髒亂和罪惡，充滿這世界。

阿羅漢不喜歡我們這個娑婆世界，故有螺髻梵王代表大菩薩的立場和境界，以平等心，以佛的智慧，來看這個世界，因此說這是一個淨土。釋迦牟尼佛成佛時，也悟到這個世界的每一位眾生都具備著與如來完全相同的智慧、福德和莊嚴相，只是眾生自己不知道。

好比說，一個眼睛有毛病的人，不論是近視、遠視、散光、老花，只要配上適當的眼鏡，就可以讓視力恢復正常，看得真切。當然我們凡夫是無法藉佛眼來看這個世界的，但是我們可以體會佛及菩薩所告訴我們的，不妨試著去揣摩、體會它，把這個世界看成是淨土，自然就不會那麼討厭它了。因此螺髻梵王要勸告舍利弗，我們當依佛的智慧來看這個世界，若能平等對待一切眾生，其心即能深得淨清，也可見到此釋迦佛土，本來清淨。

佛語舍利弗：「我佛國土常淨若此，……若人心淨，便見此土功德莊嚴。」〈佛國品〉第一

這是《維摩經》裡一貫的說法，是說如果自心能夠清淨，國土自然清淨，也即是心若清淨，國土亦得清淨。

我們的世界，是隨著我們的心而變化的，在佛經裡有兩句相反相成的話：1.「心隨境轉」，這是凡夫；2.「境隨心轉」，這是聖賢。如果自己的心，時時刻刻被環境所左右，被環境所困擾，那就是凡夫；反之，心能轉境，則是聖賢。以菩薩之心看眾生，眾生都是菩薩，以清淨心體驗世界，世界便成佛國淨土。由此可知，

釋迦牟尼佛說此「國土常清淨」，乃是極正確的事。

此經說：「若人心淨，便見此土功德莊嚴。」「心淨」是不起瞋愛、取捨、善惡、好壞等的分別心；不受境界影響，便見淨土的「功德莊嚴」。福利為「功」，有所得成為「德」，功能有所得為功德。經中有五分法身功德、八功德水，以莊嚴淨土的依正二報，主要是用智慧和慈悲來莊嚴。以智慧莊嚴自己的心，即心靈環保；以慈悲莊嚴我們的世界、環境，即關懷我們的社會，是禮儀環保、生活環保、自然環保。換言之，對我們生活環境中的人、事、物，都用智慧和慈悲來關懷、來對待，就是功德莊嚴。

許多人認為的莊嚴，是用豪景排場、金銀珠寶、華飾宮殿等的物質，那僅是外表；若用智慧和慈悲，來莊嚴身心和環境，才是表裡一致，最高的功德莊嚴。身心世界的莊嚴，才是全面徹底的莊嚴。如僅是虛有其表，臉上、身上妝扮得很漂亮，居住處所環境設計得很優美，而內心卻非常醜惡，充滿貪、瞋、癡、慢、疑、嫉妒、慳吝等煩惱，這種人因為缺少悲智的功德，缺少戒、定、慧、解脫、解脫知見的五分法身功德，僅用物質是如何也莊嚴不起來的。若用悲智的功德，莊嚴自己，也莊嚴他人，這個世界自然就莊嚴了，自己也就有了功德。

二、以菩薩行建設人間淨土

「雖隨諸法究竟淨相，而隨所應為現其身，是菩薩行。雖觀諸佛國土永寂如空，而現種種清淨佛土，是菩薩行。」〈文殊師利問疾品〉第五

「菩薩行」，是指菩薩的行為，包括心理、語言、身體的三類行為。心理行為，包括智慧心、慈悲心、感恩心、清淨心等，是屬於觀念的、思想的；語言行為，是指隱惡揚善、讚美道德、弘揚佛法；身體行為，是指放生、救生、護生等關懷工作。也可以說六度四攝等，都是菩薩行。菩薩重視心行，尤過於身、語二行，例如持菩薩戒者，不僅慎防身、口二業，尤其防止起心動念處的不傷菩提心。

「菩薩行」在《維摩經》中專設一品，目的是在「教化眾生」，修諸功德，饒益眾生，舉足下足，都在道場，樂修無量道品之法，而又心無罣礙。至於我們凡夫眾生，初發心的菩薩，雖不能全部清淨，也當隨時檢點。說話的時候不要不經思考脫口而出傷了人，「三思而後說」，考慮妥當了再說；當說慈愛語、慰勉語，樂說佛法，而不說世間煩惱語。

從身體表現出來的行為，也是一樣的，有人無法控制自己身體的行為，做出奇怪的舉止，就不是菩薩的行為。發生這種情況的話，則要提醒自己，謹慎小心，不要輕舉妄動。現代人常有的街頭運動，就是一例。

曾有人對我說：「現在的社會不行了，如果不走上街頭，我們就沒有救了，聖嚴法師你也趕快來呀！」在這種情況下，我只能說：「請讓我想通了，再跟你去。」因我不能說他們是對或是錯，我不想隨便跟著群眾上街頭，除非已經清楚，是為弘揚建設人間淨土的佛法。

參與街頭運動的人多半是盲從的。比如有個人，站在路旁的樹下看一群螞蟻上樹，馬上會引來一大群人圍在他後面爭著看，並且競相詢問：「大家究竟在看什麼？」一旦發現只是在看螞蟻爬樹幹，馬上又會一哄而散。這就是群眾的好奇心理，使人身不由己。

一位菩薩行者，是要凡事三思而行的，心裡了了分明，知道自己要做什麼、在做什麼。對自己有益，對他人無益者是壞事；對自己有益，對他人也有益的是好事；對自己無益也無害，但對他人有益的是大好事；而對大家有益但對自己有損的，則是最大的好事。

菩薩一向所行，均為捨己利人之事。為成就他人，奉獻自己之時間、體能、知能、智慧而不求回饋，無怨無悔，方為真正的菩薩行者。

經文「隨所應為現其身」的「應」字，是有求必應，眾生有求，菩薩必應。既是做為一個菩薩行者，對於不同的眾生，在不同的環境、時間，冀求不同之幫助時，便以恰到好處的方式來幫助他們。各位在《法華經》的〈普門品〉中，看到觀世音菩薩有三十三應化身，在《楞嚴經》裡則有三十二種應化身，這僅是舉觀世音菩薩為例。事實上，一切的大菩薩均有如此的悲心悲願及其應現身。

請問，我們凡夫，能否依不同的身分來幫助人呢？可以的！我們每一個人，在同一個時間，都具備很多的身分，一生之中也經歷各種不同的身分，無論在家庭、在社會，都扮演著很多不同的角色。一個人的身分，是可隨著自己所處的時間、環境及地位之改變而改變，因此我們可以種種身分去盡心力盡職責，幫助他人。

如果人人均能恰如其分地扮演好每一個角色，做好應做的事，盡到應負的責任及義務，這個身分便完成，這就是菩薩行者，故凡夫也是能夠「隨所應為現其身」的。此乃我要在此為諸位講《維摩經》的意義所在，否則，只有成了大菩薩的人，才能隨應現身，諸位聽講《維摩經》就變得沒什麼用處了。

一個對自己沒有信心或是比較自私的人，老是希望菩薩隨時隨地幫助他，卻不曾想過自己也當隨時隨地幫助人，此種人，大概就不會想到，他自己亦能有「應現身」出現的功能了。

像今晚因為你們希望聽《維摩經》，所以我應現為說《維摩經》的法師，來講給你們聽；而你們諸位也因我在講經，而應現成聽眾的身分來聽我講《維摩經》，因此諸位和我，亦都是「應現身」，能夠恰到好處地扮演好應現聽眾的角色。如此說來，我們都可把彼此看作是應現的菩薩。

在一個家庭裡面，做母親的以菩薩行來對待兒女，便是一位媽媽菩薩；做兒女的也以菩薩行來對待父母，便是兒女菩薩；家庭中的成員都能以菩薩行相互對待，都將對方看成是菩薩來成就幫助自己的。那麼每一位便都成為菩薩的應現身了。如此推而廣之，去看待周遭的人們，我們這個世界，不就是佛國淨土和人間淨土了嗎？聽完《維摩經》，淨土不但是在我們心中，也在我們生活的環境中。一定要如此去練習、去體會，否則，不但我是白講了，你們也是白聽了。

「雖觀諸佛國土永寂如空，而現種種清淨佛土，是菩薩行。」〈文殊這段經文是說，大解脫人，所見一切法，無一不清淨，因為《金剛經》說「信心清淨，則生實相」、「實相者則是非相」，又說「一切諸相，即是非相」。清淨相即無染無為無作相。菩薩雖已得大解脫，但為應化眾生，而現種種身。菩薩遊歷供養諸佛國土，所見國土皆是永遠不動，無礙如空，為了化度接引眾生，乃現種種清淨佛土。

不論淨或不淨，所有的世界，唯心所現，如果我們不保護環境，製造垃圾、廢氣、罪惡的汙染，我們的世界就會成為穢土。如能用心意、語言、身體的行為，去保護它，表示在我們心中，希望環境是清淨的，則環境雖尚在混亂的情況，內心已有清淨的種子。

當心中有清淨的願心出現時，若見有煩惱的蹤跡，我們亟需去改善，保護我們的環境，那麼天堂淨土已在心中，心中已有淨土，淨土也將會真的出現在人間。這不是幻想，而是心中有願，便劍及履及，能做一分努力便得一分清淨。

凡夫均希望有一個具體的淨土出現，但以維摩詰菩薩及文殊師利菩薩等的大菩薩們來看，佛國是不存在的，他們心中並沒有執著有佛國淨土，而是處處佛國，處處非佛國，一如虛空，永無生滅現象。雖是如此，為了眾生得到救濟，大菩薩們還是要為眾生現種種的淨土。

此處經中的「現種種清淨佛土」有兩種意思：

一是為許多具有共同福德智慧和願力的眾生顯現，令他們生到此一有方向、有位置的定點佛國淨土中去。就像西方極樂世界，是阿彌陀佛願力完成的淨土，乃令發願往生西方淨土之眾生，得以如願。

二是為每個不同的眾生，在他們面前顯現不同的佛土，對於不同的眾生，分類給予佛法的熏陶，告訴他們如何便能見到佛土，並幫助他們如何便能生到淨土。

像今晚我在此講人間淨土，並說如何體驗人間淨土，就等於是我聖嚴法師在幫助你們每一位建立一個個不同的淨土。你們聽了《維摩經》，便因各人程度、福德智慧以及興趣的不同，所體會到的淨土，亦將各不相同，因而在各位心中所顯現的淨土，自然也不一樣，這就是「現種種清淨佛土」的另一重意思了。

爾時維摩詰語大迦葉：「仁者！十方無量阿僧祇世界中作魔王者，多是住不可思議解脫菩薩，以方便力，教化眾生，現作魔王。又，迦葉！十方無量菩薩，或有人從乞手、足、耳、鼻、頭、目、髓、腦、血、肉、皮、骨；聚落、城邑；妻子、奴婢；象、馬、車乘、金銀，……如此乞者，多是住不可思議解脫菩薩，以方便力而往試之，令其堅固。……凡夫下劣，無有力勢，不能如是逼迫菩薩。譬如龍象蹴踏，非驢所堪。」〈不思議品〉第六

此段經文，亦有二層意思：

第一層是說，有許多大菩薩，為幫助眾生發菩提心、行菩薩道，而顯現魔王身；他們也可能變成乞丐、土匪、強盜、惡鬼來要你的手、腳、耳朵、鼻子，把你身體上的每一部分，一樣一樣地要過去，乃至於身體以外的所有物，家宅、土地、城堡、妻子、丈夫、佣人，以及你所擁有的一切財物，都要了去。也就是說，不但要你的性命，還要你的財產。當你自己遇到這種情況時，自是認為遇到了魔了，真是大災大難。

此時的一般凡夫，如果已信佛教，一定會念「南無大慈大悲救苦救難廣大靈感

觀世音菩薩，趕快救我」。但在做為一個發心的菩薩，卻要將之當作以「住不可思議解脫菩薩」來感恩感激，因為他們是來助你堅固信心和道心的；不過對於一般凡夫，不得用此苦逼的方法。

諸如此類的魔王，是魔子、魔孫、魔將、魔兵之中最厲害的大魔頭，可能在人間做魔王，也可能在天上做魔王，亦可能在地獄做閻王。

此處經文的「試」字是試煉、考驗，若無道心信心，便稱為「魔考」，若是道心堅固者，稱為「佛試」。就像每經一次考試便得一次成長，為了考試，得事先努力，妥為準備，而考試官便是幫助我們成長的老師。因此對於用種種責難、折磨來幫助我們修行的人，都應把他們當成佛菩薩示現。若能如此存心，則雖受地獄的折磨，心中猶有如處佛國淨土的快慰了。

不過，下面這一段經文是第二層，要特別注意：「凡夫下劣，無有力勢，不能如是逼迫菩薩。」這是說，前面所提的試煉是對較高層次的菩薩，不是對一般普通的凡夫。如果以高考的試題，來考只有國中小學程度的人，那會適得其反，會令他們信心盡失。所以一般普通根器下劣的凡夫，沒有能力接受這種考驗，就不能用魔王的這種方式去磨難他，我們千萬不要扮演魔王，去折磨別人。對於初發心菩薩，要以鼓勵代替試煉。

經文「譬如龍象蹴踏，非驢所堪」，是說考試的標準過高，會把程度太低的考生嚇跑考垮，故舉一個比喻：如用龍象的腳去踩驢子，是無法承受的。龍是天上最大的動物，象是地上最大的動物，此處的龍象並非指的天上的龍和地上的象，而是象之中有一種最大、最好的象，叫作龍象，就像最好的馬叫龍駒一樣。龍象乃隱喻大菩薩，驢子則代表普通的凡夫。驢子的體型比馬還小，經不起龍象去踩踏，說明不可用那麼強烈的方式去試煉凡夫。

維摩詰問文殊師利：「何等為如來種？」文殊師利言：「……以要言之，六十二見及一切煩惱，皆是佛種……。譬如高原陸地，不生蓮華，卑濕淤泥，乃生此華。……煩惱泥中，乃有眾生起佛法耳。又如殖種於空，終不得生，糞壤之地，乃能滋茂。……是故當知，一切煩惱，為如來種，譬如不下巨海，不能得無價寶珠；如是不入煩惱大海，則不能得一切智寶。」爾時，大迦葉歎言：「善哉善哉！……是故文殊師利，凡夫於佛法有返復，而聲聞無也，所以者何？凡夫聞佛法，能起無上道

心，不斷三寶。」〈佛道品〉第八

這一段經文，包含了好多種意思，主要是鼓勵我們初發心的凡夫菩薩們，不要討厭、害怕、畏懼、逃避這個名為五濁惡世的娑婆世界，而且還要珍惜這個五趣雜居的娑婆世界。

凡夫覺悟到這個世界充滿種種的問題，所以想聽聞佛法，修學佛法，來解決問題。也因為自己有問題和苦難，所以能體會別人的困境；因自己已從佛法的修學得到利益，減少苦難，解決問題，故而也會想到其他的眾生，亦需要佛法的幫助，因而能夠毫不吝惜地去弘揚佛法，來幫助眾生。

若從這個角度看這個娑婆世界，雖是如此髒亂、汙染、危脆，卻也是一個真正能夠讓凡夫修行菩薩道的好地方。因此《維摩經》讚歎凡夫，勝於讚歎阿羅漢，凡夫是修菩薩道，除了自求佛道，尚要廣度眾生，其偉大猶勝於阿羅漢的自了。人間淨土是由凡夫所建立的，而非小乘的聲聞、緣覺所願做的佛事。

維摩詰菩薩問文殊師利菩薩：「什麼是成佛的根本因素？」也就是說人要如何才能成佛？文殊師利答以：「簡單地說，六十二見及一切的煩惱，都是成佛的根本條件。」「六十二見」是針對釋迦牟尼佛當時的印度，所有的宗教、哲學、思想而說的，除了釋迦牟尼佛的佛法之外，其他一切宗教或哲學思想，分類歸納統計為六十二種，稱為六十二見。

如果拿中國來對照，先秦時代，有諸子百家，其實未必有百家，而是指有許許多多不同的學派及其思想，而各家所說的主張，均是為了救國救民救社會，稱之為百家爭鳴。

六十二見在《涅槃經》以及好幾部大乘經典中均可看到，是一個專有名詞，卻沒有詳細解釋其意義。只有在《長阿含經》卷十四中，有很詳細的說明和分析，其中十八是屬於「本劫本見」類，四十四見屬於「末劫末見」類，討論世間常、世間無常；世間有想、世間無想；世間有邊、世間無邊；眾生斷滅無餘等見。簡單地說，它分為兩大類：第一類叫本劫本見，是常見論；第二類名為末劫末見，是斷滅論。

常見的意思，是認為無盡的過去有個第一因，這第一因是自由的、永恆的、永遠存在不變的，從它而產生一切。從哲學上講稱為「理」、「真理」；在某些宗教來講則叫作「神」、「上帝」，是最高的原理或神。

斷滅論亦即斷見，其意是說眾生的生命，到死亡為止，就再也沒有了，與唯物論相似。從佛法來講，不會有從此以後生命沒有了的觀念，也不相信生命是永恆不變地存在。佛教的成佛，不等於常見論；佛教的寂滅，也不等於斷滅論。常見是有神論，斷見是唯物論，佛教則是緣起論，因緣有而自性空，故視六十二見為外道邪見。

經文的「一切煩惱」，根據《注維摩詰經》卷二云：「肇曰，七使九結，惱亂群生，故名為煩惱。」「七使」是指欲愛、恚、有愛、慢、無明、見、疑。「九結」是指愛、恚、慢、無明、見、取、疑、嫉、慳。煩惱無數，有廣有狹，有繁有簡。

《大智度論》卷二十七曰：「煩惱名略說則三毒，廣說則三界九十八使。」總名「百八煩惱」，又名「百八結業」。《大智度論》卷七云：「煩惱名一切結使，結有九結，使有七，合為九十八結，如迦旃延子〈阿毘曇義〉中說：『十纏九十八結為百八煩惱』。」九十八結，又名九十八隨眠，即三界之見惑有八十八使，三界之修惑有十使，再加十纏為百八煩惱，十纏是無慚、無愧、昏沉、惡作、惱、嫉、掉舉、睡眠、忿、覆。

若從唯識的觀點看，有根本煩惱及隨煩惱。

從天台宗看，有見思、塵沙、無明的三惑。

從一般而言，叫作十使，有十種使自己在生死之中無法脫離苦海的力量，稱為五鈍使及五利使。

五鈍使：是指貪、瞋、癡、慢、疑，這五鈍使要到三賢位才慢慢調伏，到初地以上的菩薩才能一地又一地分分斷除。到十地滿足，此五鈍使煩惱方斷盡。

五利使：是見解、看法和想法。那就是身、邊、邪、見取、戒禁取的五見。「身」是對身體的執著。「邊」是常見和斷見。「邪」是邪見，不明因果，不信因緣。「見取」是執自己錯誤的想法為真理。「戒禁取」是設立種種禁忌和無理的苦行為戒。這五利使在三賢位中即可斷除。

諸位發心建設人間淨土的菩薩們，根據《維摩經》的勸告，一切煩惱以及六十二種邪見外道，都不應迴避，菩薩看到持有外道見的人，應想這個人可能是菩薩的化身；菩薩看到有煩惱的人，則想他可能是來幫助我、成就我的大菩薩。

經文以「淤泥」比擬「煩惱」，眾生因有煩惱的泥，所以才知道需要修學佛法。因有眾生的煩惱，諸佛菩薩才有化世的工作可做。我們多修學佛法，並來幫助那些煩惱的眾生，佛法的化世功能，才能發揮出來。

文殊菩薩又說，如把種子種在空中，是無法生長的，只有種在肥沃的土壤中，才可能有收穫。「糞壤」才是肥沃的土壤，所以一切的煩惱乃是成佛的種子。接下來又是一個比喻：如果不到大海中去，就得不到無價寶珠，這寶珠是指摩尼寶珠，又稱為如意珠、離垢珠。這種寶珠據說是龍珠，深海中才有龍，因此不到大海，深入龍宮，就無法得到龍珠。這是隱喻要進入煩惱大海的眾生群中，才能把自己的福德智慧培養出來。如果沒有眾生的事讓菩薩處理，也沒有眾生讓菩薩關懷，菩薩便很難開發出大智慧來，也培育不出大慈悲來。

大迦葉對文殊師利菩薩以上所講的這一段話，大為讚歎：「太好了！太好了！」並說：「凡夫於佛法有返復，而聲聞無也。」「返復」的意思是報恩，是回報。凡夫聽到佛法，覺得對自己很有用，就會以弘揚佛法做為報佛恩的「返復」。因此凡夫聽到佛法以後，就成為紹隆佛種的真佛子。

在座諸位有很多是三寶弟子，三寶弟子若未發菩提心，只能稱為修學體驗到一部分佛法的「法子」，尚不能稱為繼承佛法、紹隆佛種的「佛子」。

凡夫發菩提心，即可成為佛子。凡夫聽到佛法，能發起無上菩提心，也就是發阿耨多羅三藐三菩提心、成佛之心。這是一個大乘的三寶弟子。

發了阿耨多羅三藐三菩提心，成了初發心菩薩。無論是度眾生還是斷煩惱，都是為了在現實的生活之中，能夠得到智慧並產生慈悲。大部分的人，多停留在求佛菩薩給自己開智慧，求佛菩薩慈悲加被自己及家人親友，這當然沒什麼不好，但是如果能進而用智慧來處理事，用慈悲來關懷人，個人的品質必然會提昇，人間淨土的出現，也將指日可待。

今晚因時間關係，《維摩經》暫時講到這裡，時間已用完，而佛法是永遠講不完的，眾生也是永遠度不盡的，但是我們應該發願，永遠廣度眾生，永遠弘揚佛法，永遠為成就我們這個娑婆世界，成就人間淨土而努力。

人間淨土的建設，是要靠大菩提心的菩薩們來努力、奉獻的，既然是為建設淨土，就應避免落於迎合時俗、遷從流俗，而變成俗化的宗教；既然是將淨土建設在人間，就要避免落於神異、神祕、神權、神威，而變成神化的宗教。人間淨土，必須是清淨、積極、悲智雙運的佛教建設。必須是以人為中心，以人品的提昇為宗旨，以環境的淨化為目標。

否則，不論是俗化及神化，都不能在人間建設真正的淨土。維摩詰菩薩雖現在家身相，卻淨修梵行，所以不是世俗化的俗人，沒有世俗人的俗事俗習，所以是一位清淨智慧慈悲的大菩薩典型。維摩詰菩薩的大會中，雖有天女、梵王、護法神王，但都是菩薩的應現，沒有故弄玄虛的神奇古怪，所以是宣導心靈環保，提倡人間淨土的正信佛教。

（一九九四年二月十六日講於臺北市國父紀念館，由蘇麗美居士整理錄音帶，聖嚴法師親自修訂補充，完稿於一九九四年六月二十九日）

國家圖書館出版品預行編目資料

修行在紅塵：維摩經六講 / 聖嚴法師著. --
三版. -- 臺北市：法鼓文化, 2023.07
面；　公分
ISBN 978-957-598-996-5（平裝）

1.CST: 經集部

221.721　　　　112006964

現代經典 1

修行在紅塵——維摩經六講

Buddhist Practice in Secular World: Six Commentaries on the Virmalakirti Sutra

著者　聖嚴法師
出版　法鼓文化
總審訂　釋果毅
總監　釋果賢
總編輯　陳重光
編輯　詹忠謀、李書儀
封面設計　謝佳穎
內頁美編　胡琡珮
地址　臺北市北投區公館路一八六號五樓
電話　(02)2893-4646
傳真　(02)2896-0731
網址　http://www.ddc.com.tw
E-mail　market@ddc.com.tw
讀者服務專線　(02)2896-1600
初版一刷　一九九七年一月
三版一刷　二〇二三年七月
建議售價　新臺幣二三〇元
郵撥帳號　50013371
戶名　財團法人法鼓山文教基金會—法鼓文化
北美經銷處　紐約東初禪寺
Chan Meditation Center (New York, USA)
Tel: (718) 592-6593　E-mail: chancenter@gmail.com

法鼓文化